고래 어린이 인문 학교

고래 어린이 인문 학교
제1판 제1쇄 발행일 2018년 10월 30일
제1판 제3쇄 발행일 2020년 10월 24일

기획 | (주)고래가그랬어, 책도둑(긴민호, 박징훈, 박정식)
글 | 최성각, 한홍구, 이갑용, 홍기빈
그림 | 김규정
디자인 | 이안디자인
펴낸이 | 김은지
펴낸곳 | 철수와영희
주소 | 서울시 마포구 월드컵로 65, 302호(망원동, 양경회관)
전화 | 02-332-0815
전송 | 02-6003-1958
전자우편 | chulsu815@hanmail.net
등록 | 제319-2005-42호
ISBN 979-11-88215-15-7   73300

ⓒ (주)고래가그랬어, 최성각, 한홍구, 이갑용, 홍기빈, 김규정 2018

* 이 책에 실린 내용 일부나 전부를 다른 곳에 쓰려면 반드시 저작권자와 철수와영희 모두한테서 동의를 받아야 합니다.
* 잘못된 책은 출판사나 처음 산 곳에서 바꾸어 줍니다.
* 철수와영희 출판사는 '어린이' 철수와 영희, '어른' 철수와 영희에게 도움 되는 책을 펴내기 위해 노력하고 있습니다.

어린이제품 안전특별법에 의한 기타 표시사항
제품명 도서 | **제조자명** 철수와영희 | **제조국명** 한국 | **전화번호** (02)332-0815 | **제조연월** 2020년 10월 | **사용연령** 8세 이상
주소 04018 서울시 마포구 월드컵로 65, 302호(망원동, 양경회관)
주의사항 종이에 베이거나 긁히지 않도록 조심하세요. 책 모서리가 날카로우니 던지거나 떨어뜨리지 마세요.

고래 어린이 인문 학교

글 최성각, 한홍구, 이갑용, 홍기빈 | 그림 김규정

철수와영희

[머리말]

'재밌는 공부'의 바다를 헤엄쳐 봐요!

"생태? 환경오염 막는 거잖아요. 근데 신경 써야 하는 게 너무 많아요."
"역사요? 왕 이름이랑 연도 외우기, 지겨워요!"
"어렵고 힘든 일 하는 사람이 노동자잖아요. 전 커서 노동자는 되지 않을 거예요."
"돈 많이 버는 법 배우는 게 경제 공부 아니에요?"

한 번쯤 해 본 생각일 거예요. 공부를 좋아한다는 건, 정말 쉽지 않은 거예요. 솔직히, 일등부터 꼴등까지 등수를 매기고, 몇 시간씩 책상에 앉아 시험 문제를 푸는 게 즐거울 리 없어요. 좀이 쑤시고 지루해서 하품만 계속 나오겠죠. 그런데 많은 어른이 이게 진짜 공부고, 이렇게 해야 나중에 성공한대요. 정말로 그럴까요? 우리는 이런 재미없는 공부만 계속해야 하는 걸까요?

너무 걱정하지 마세요. 재밌는 공부, 살아 있는 진짜 공부를 찾고 궁리하고 만드는 사람들이 꼭 있다니까요. 『고래 어린이 인문 학교』도 그런 사람들이 모여서 만들었어요. 그래서 이 책에서 다루는 생태 · 역사 · 노동 · 경제 이야기는 지금까지 내가 보고 알던 거랑 아주 달라요.

"이렇게도 볼 수 있어." "저렇게 생각해 보는 건 어떨까?" "어쩌면 이게 진짜일지도 몰라."

처음 들어 보는 말도 있고, 눈이 휘둥그레지는 사실도 있고, 마음 찡한 이야기도 나올 거예요. 이렇게 몰랐던 걸 하나하나 배워 가다 보면 어느새 책을 붙잡고 데굴데굴 굴러다니는 나를 발견하게 될 거예요. '아니, 공부가 이렇게 재밌다니!' 하면서요.

이 책은 최성각, 한홍구, 이갑용, 홍기빈 삼촌과 어린이 교양지 〈고래가그랬어〉 독자들이 모여 신나게 배우고 도란도란 이야기 나눴던 '고래 어린이 인문 학교'의 강의 내용을 묶어서 만든 거예요. 집에 가는 것도 까먹을 정도로 신나게 떠들고 웃었던 그때 모두의 열정이 오늘 이 책을 읽는 여러분에게도 전해지길, 그리고 이 책에서 배운 내용이 차곡차곡 쌓여서 여러분의 삶을 든든하게 받쳐 줄 수 있으면 좋겠어요. 그것이 더 나은 삶을 꿈꾸게 하는, 진짜 재밌는 공부일 테니까요.

2018년 10월
고래 어린이 인문 학교를 준비하고 진행했던
〈고래가그랬어〉 안현선 이모가

머리말: '재밌는 공부'의 바다를 헤엄쳐 봐요!   4

진짜 생태가 뭐야?
1

최성각

- 생명은 모두 소중해요   15
- 사람은 생태계의 주인이 아니에요   19
- 자연을 돈벌이로 생각하면 안 돼요   21
- 이제, 진짜 생태를 이야기해 봐요   26
- 자연과 떨어져 사는 우리 모습   30
- 진짜 생태는 '생명 사랑'   33
  [함께 생각해 봐요]   35

진짜 역사가 뭐야?
2

한홍구

- 역사에 정답이 있을까? 39
- 똑같은 사건도 보는 입장에 따라 다를 수 있어 44
- 의거일까, 테러일까? 48
- 누가 역사를 만들어 갈까? 51
- 우리가 지금은 당연하게 생각하는 것들이 예전에는… 55
- 역사 속의 다양한 사람들 59
  [함께 생각해 봐요] 63

진짜 노동이 뭐야? 3

이갑용

- 노동이란? 노동자란?   67
- 여러분, 노동조합 알아요?   72
- 우리가 몰랐던 노동 이야기   77
- 화려한 것들 너머에 있는 아픔   80
- 노동자가 행복한 세상   82
  [함께 생각해 봐요]   85

진짜 경제가 뭐야?
4

홍기빈

- 사람의 욕망은 무한할까요?　89
- 운동화 10만 켤레와 피자 10만 판, 다 쓸 수 없어요　93
- 내가 갖고 싶은 것은 뭘까요?　96
- 좋은 삶을 살고 있나요?　100
- 딱 필요한 만큼만! 더 가질 필요가 없어요　104
- 더 자유롭게 살 수 있어요　108
  - [궁금해요]　111
  - [함께 생각해 봐요]　119

진짜 생태가 뭐야?

1

최성각

삼촌은 소설을 쓰며 생태 운동을 해요. 환경을 생각하는 풀꽃평화연구소를 만들어서 새나 돌멩이, 자전거 등에게 '풀꽃상'이라는 이름의 상을 드리는 시민환경운동을 한 적이 있어요. 지금은 강원도 산골에서 거위와 버려진 고양이, 개와 함께 살면서 조그맣게 밭농사도 짓고 자연이 가르쳐 주는 것들을 배우며 살고 있어요. 쓴 책으로는 『거위, 맞다와 무답이』, 『달려라 냇물아』, 『날아라 새들아』 등이 있어요.

생명은 모두 소중해요

안녕하세요. 만나서 반갑습니다. 여러분과 함께 이야기 나눌 최성각입니다. 지금부터 삼촌이 그동안 살아오면서 생각한 것과 경험한 것을 바탕으로 여러분과 이야기를 나눌 거예요. 어린이 여러분의 엄마 아빠가 해 주신 이야기랑 비슷할 수도 있고 조금 다를 수도 있어요.

오늘 주제는 '진짜 생태가 뭐야?'입니다. 진짜 생태 이야기가 뭔지를 이해하려면 먼저 '가짜 생태 이야기'는 무엇인지 그것부터 이야기를 해야 할 것 같군요. 어린이 여러분, '생태'가 무슨 뜻일까요? 생태라는 말, 많이 들어 봤지요? 여러분은 생태가 뭐라고 생각해요? 우리는 살아 있고 숨을 쉬지요. 살아 있기에 말할 수 있고, 밥도 먹을 수 있어요. 그런데 이 세상에 살아 있는 게 사람만은 아니지요. 아침 식탁에 올랐던 반찬들, 그것이 꼬물거렸던 물고기든, 네발로 다녔던 소나 돼지 같은 동물이든, 시금치나 배추 같은 식물이든, 모두 한때는 살아 있던 것들이지요. 또 식탁에 오르진 않았지만 더 많은 생명이 지구에서 함께 숨 쉬고, 꼬물거리고, 움직이고, 춤추고, 다른 먹이를 먹으면서 살고 있어요. 그런 것을 생명의 조건이라고 할 수 있을 거예요. 여러분이 알고 있는 생명체는 어떤 것이 있을까요? 그래

요, 여러분이 잘 아는 강아지, 고양이, 돼지, 지렁이, 이런 이름을 가진 생명체가 살아서 어울려 사는 모습이 바로 생태예요. 그 안에는 물론 사람도 포함되지요.

생태계에 속한 생명 사이에는 계급이 없어요. 어떤 생명은 잘난 생명이고 어떤 생명은 못난 생명이라는 구분 같은 건 애당초 없는

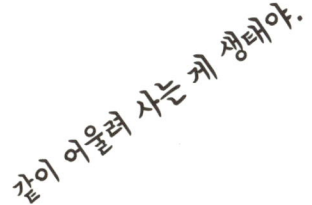

같이 어울려 사는 게 생태야.

거예요. 사람이라고 해서 강아지나 지렁이, 말벌보다 대단하고 존귀할까요? 아니에요. 이것은 매우 중요한 관점인데요, 모든 생명은 다 똑같아요. 그런데 사람들은 오래전부터 사람이 생태계의 주인인 것처럼 생각했어요. 누가 허락한 것도 아닌데 자기들 마음대로 이 생태계에서 가장 잘나고 우수한 존재라고, 지구의 주인이라고 착각하면서 뻐기기 시작했던 거예요. 여러분은 그런 생각이 맘에 드나요? 사람이 주인이라는 생각이 옳다고 보나요? (옳지 않아요!) 왜 그렇게 느꼈지요? (사람만 사는 게 아니잖아요!) 네, 맞아요. 이 행성엔 사람만 사는 게 아니에요. 어마어마하게 많은 생명체가 함께 살아가는데 그들에게 허락도 받지 않고 사람이 주인공이라고 생각하고, 그래서 다른 생명을 지배할 수 있다고 여겼던 거예요. 사람이 주인공이면 다른 생명체는 조연이거나 엑스트라라는 말인데, 그런 폭력적인 결정이 어디 있나요. 그건 잘못된 생각이지요. 동무들도 다 아는 걸 바보 같은 어른들은 잘 몰라요. 그런 착각을 바탕으로 이 세상에 있는 다른 생명체, 우리가 만들지 않은 자연물, 물길이나 산을 마구 파괴하면서 주인 행세를 하고 있지요.

사람은 생태계의 주인이 아니에요

생태계는 거대한 생명 잔치판이고, 생명이 있다는 건 아주 놀랍고 신나는 일이에요. 어린이 여러분이 친구들을 만나고, 배우고, 노래 부르고, 여름엔 수박도 먹고 겨울엔 썰매도 타고, 아름다운 것을 보면 놀라고 감탄하는 것은 이 세상에 태어났기 때문에 누릴 수 있는 신나는 일들이죠. 여러분도 이 세상에 태어나길 잘했다고 생각하지요? 그렇다고요? 그래요, 여러분이 이렇게 대답도 크게 하고 좋아하는 것도 태어났기 때문에 가능한 일이지요.

이 거대한 우주에서 우리가 태어난 곳은 공교롭게도 지구라는 행성이에요. 여기 화성인은 없잖아요. 그런데 지구에는 우리만 있는 것도 아닌데, 이 거대한 생명 잔치판, 주인공이 없는 생명 잔치판, 모두가 주인공인 이 생명 잔치판에 어른들이 참으로 돌이킬 수 없는 잘못을 저지르고 있어요. 그게 바로 '가짜 생태'예요. 가짜 생태는 사람이 자기를 주인공으로 생각하고 이 생명 잔치판에 깽판을 놓는 거예요. 생명을 죽이고, 죽여도 된다고 생각하고, 오만하게 자연을 파괴하고, 그렇게 하고도 아무런 책임을 느끼지 않는 거예요. 사람이 주인공이라고 생각하는 것, 이게 바로 '가짜 생태' 생각이에요.

그렇다면 '진짜 생태' 생각은 뭘까요? 내가 주인공이 아니고 나는 그저 여러 생명체 중의 하나라는 걸 인정하는 거지요. 우리 모두가 주인공이에요. 내가 주인공이면 닭도 주인공이고, 고양이, 지렁이, 벌도 주인공이에요. 그게 가장 중요한 거예요. 간단하지요? 이렇게 간단한 걸 어른들은 깜빡하거나 무시해서 문제랍니다.

> **생태계는 모두가 주인공인 생명 잔치판이에요.
> 사람이 생태계의 주인공이라는 생각이
> '가짜 생태' 생각이고,
> 우리 모두가 생태계의 주인공이라는 생각이
> '진짜 생태' 생각이에요.**

자연을 돈벌이로 생각하면 안 돼요

가짜 생태 생각을 하는 어른들은 지구의 모든 자연, 사람 이외의 다른 생명체를 모조리 자원이라고 생각해요. 자원이 뭘까요? 돈이 될 만한 것이지요. 자연을 곧 돈벌이의 수단으로 여겨요. 그래서 돈이 되면 무슨 짓이든 해도 된다고 생각했어요. 자연이나 다른 생명체에게 그래도 되냐고 묻지도 않았고, 허락도 받지 않았어요. 그저 돈이 되면 귀하고, 돈이 안 되면 가치가 없다고 여겨요.

그러면서 무슨 일이 일어났을까요? 자연에 어떤 일이 벌어지고 있을까요? 동물이 멸종되고 있어요. 어떤 동물은 아름다운 털 때문에 멸종시키고, 뿔 때문에 죽이고, 심지어 사람이 보기에 못생겼다는 이유로도 죽였어요. 그리고 대규모로, 지속적으로 끊임없이 자연환경을 파괴하고 있지요. 산을 깎고, 물길을 바꾸고, 여울을 없애고.

이런 일을 모두 자연의 허락 없이 마구잡이로, 돈만 되면 무조건 다 파괴했어요.

예전에는 꽃이 피는 순서가 있었어요. 그런데 사람들이 자연을 마구 파괴해서 지구가 뜨거워지는 바람에 이런 순서가 다 흐트러졌어요. 꽃이 피는 순서도 엉망진창이 되었고, 아무 때나 막 피고 아무 때나 막 져요. 북극의 얼음이 녹고, 봄가을의 특성이 희미해졌어요. 춥지 않은 겨울이 되었어요. 바닷물의 흐름도 바뀌어서 전에는 동해에서 볼 수 없었던 물고기가 잡혀요. 열대에 살던 물고기가 북쪽 우리 바다로 올라오고, 우리 동해에서 잡히던 명태가 더 추운 북쪽으로 올라가 버렸어요. 그런데 북쪽에서도 이젠 안 잡힌다고 그러지요. 이런 걸 교란이라고 해요. 수천 년, 수만 년, 수백만 년 지켜져 오던 자연의 질서가 깨졌다는 뜻이에요. 해파리가 마구 늘어나고, 때 없이 가뭄이 들고 홍수가 나며, 황사가 거세게 불어와요. 황사에는 중국의 산업화로 발생한 고약한 미세 먼지도 포함되어 있지요.

이런 일들이 일어나는 이유는, 사람들이 지금 매우 풍족하게 살고 있는데, 이제는 물건을 그만 만들고 서로 나누기만 해도 충분한데, 돈을 벌려고 더 편리하고 풍요롭게 살 수 있다고 선전하면서 끝없이 쓸데없는 것들을 만들고 개발하기 때문이에요. 계속 발전하고

성장해야 한다고 생각하니까 산림을 파괴하고 불필요한 물건을 쉼 없이 만들지요. 그 쓰레기에 대해선 아무도 신경 쓰지 않아요. 진짜 가장 무서운 쓰레기는 핵 쓰레기예요.

자, 이제는 가짜 생태 생각 때문에 생겨난 지구 변화를 살펴볼까요.

사막이 점점 늘어나요.
빙하가 녹아요.
해일이 일어나요.
지진으로 집이 무너져요.
가뭄으로 땅이 메말라요.
홍수가 일어나요.
새로운 피부병이 생겨요.

끔찍하지요? 사람이 만들어 낸 재해 때문에 맨 먼저 피해를 입는 사람은 언제나 가장 약한 사람들이에요. 지구가 더워져 빙하가 녹으면 바다의 물 높이가 올라가고, 강가나 바닷가에 모여 살던 사람들의 터전은 물속에 잠기고 말 거예요. 힘 있는 사람들은 앞다투어 높은 곳으로 옮기겠지요. 하지만 힘없는 사람들은 속수무책으로 살던 곳을 잃고 말 거예요.

생태계 파괴에는 특징이 있어요. 한번 시작하면 끝까지 간다는 거예요. 녹기 시작한 북극의 얼음은 다시 얼어붙지 않아요. 멈추지 않고 계속 녹아요. 늘어나기 시작한 사막은 줄어들지 않아요. 나무 몇 그루 심는 것으로 해결되지 않아요. 바다에 버려진 쓰레기가 모여서 거대한 산을 이루지요. 거기서 생겨난 메탄가스 때문에 바다에서 불이 타올라요. 그 쓰레기 부스러기 중에서 썩지 않는 플라스틱 조각을 바다의 거북이나 물고기가 먹고 병에 걸려 죽어 가지요. 그렇게 한번 사라진 생명은 다시 살릴 수 없어요. 사람이 새로운 생명을 만들 수 없잖아요. 그러니까 생명이 멸종되면 그걸로 끝나는 거예요.

우리는 이 지구라는 행성에서 태어났고 여기서 살 수밖에 없는데, 사람들은 지구를 더는 생명이 살 수 없는 죽음의 장소로 만들고 있어요.

이제, 진짜 생태를 이야기해 봐요

옛날 사람들은 어떻게 살았을까요? 그들은 생태적으로 살았어요. 쉽게 말해서 자연스럽게 살았어요. 생태적으로 살았다는 말은 본래대로, 생긴 대로, 살던 대로 살았다는 뜻이에요. 그것은 절대 퇴보를 뜻하는 게 아니에요. 산업 사회가 되기 전에는 사람들이 비록 가난했지만 무조건 자연을 부수면서 살지 않았어요. 무책임하게 살지 않았던 것이지요. 자신이 태어난 곳으로 돌아간다는 지혜가 있었어요.

옛사람들의 생태 마음을 알 수 있는 사례를 들어 볼게요. 옛날 사람들이 지은 집을 봐도 알 수 있어요. 옛날 사람들은 집을 지을 때, 나중에 집의 재료가 모두 자연으로 돌아갈 수 있게 지었어요. 삼촌과 함께 이야기해 봐요.

초가집 초가집은 가을걷이를 끝낸 다음에 나오는 볏짚으로 지붕을 올리고, 흙으로 벽을 세우고, 편편한 돌로 구들을 깔아 지은 집이에요. 물론 불편한 부분은 있었지만 이 집은 굉장히 생태적이었어요. 자연에서 난 소재로 집을 지었기 때문에 오래되면 다시 다 자연으로 돌아가요. 쓰레기를 만들지 않지요.

까치밥 감나무에 감이 열리면 고맙게 따서 맛있게 먹지요. 옛날 사

먹어~
너 주려고 남겨 놨어.

내가 먹고 싶다옹~

람들은 그걸 다 따지 않고 몇 개를 남겼어요. 왜 그랬을까요? (까치 먹으라고요!) 맞아요. 이게 까치밥이에요. 까치나 다른 생명체와 함께 나눠 먹으려고 남겨 놓은 거예요. 나만 먹겠다고 욕심 부리지 않았어요. 그 욕심이 바로 가난한 마음인 것이지요.

나무꾼의 마음 옛날에는 나무를 자를 때 나무한테 인사를 했어요. 도끼질을 하거나 톱질을 할 때, '자, 도끼 들어갑니다.' '톱 들어갑니다.' 이렇게요. 사람의 말을 나무가 알아듣지는 못해도 마음은 알아줄 거라 여긴 거지요. 나무를 자를 때마다 나무의 몸을 허투루 낭비하지 않고 잘 쓰겠다는 인사를, 고맙다는 인사를 꼭 했어요.

강릉 단오제 매년 음력 5월이면 자연의 거대한 신에게 작년에 농사 잘 지어 추운 겨울을 무사히 나고 모내기도 잘 마쳤으니 고맙다고 인사하고, 올해 농사도 잘 짓게 해 달라고 간절히 빌었어요. 늘 자연을 어려워하면서 자연에게 감사하는 마음을 가졌던 거예요.

　옛날 어른들은 마당에 뜨거운 물을 그냥 버리지 않았어요. 왜 그랬을까요? 마당에는 우리 눈에 보이지 않는 작은 미생물이 살고 있잖아요. 펄펄 끓는 물을 그냥 버리면 그 생물이 뜨거울까 봐, 델까 봐 어느 정도 식혀서 버렸어요. 보이는 생명이나 보이지 않는 생명이나 똑같이 존중하는 마음이지요. 옛 어른들은 이런 마음을 가지고 있었어요. 이런 마음이 바로 생태적 사고예요. 이 세상은 나 혼자 사는 게 아니고 내가 주인공이 아니라는 생각, 생태계에는 계급이 없다는 생각, 이게 바로 '생태 마음'이에요.

> "옛날 사람들은 보이는 생명이나 보이지 않는 생명이나 똑같이 존중하는 생태적 사고를 하며 생태적으로 살았어요. 생태적으로 살았다는 말은 본래대로, 생긴 대로 자연스럽게 살았다는 뜻이에요."

자연과 떨어져 사는 우리 모습

그런데 요즘 우리는 어떻게 살고 있을까요? 오늘 아무 생각 없이 한 번이라도 하늘을 쳐다본 친구가 있나요? 하늘을 전과는 다른 감정으로 본 적 있나요? 우리는 하늘 아래에 사는데 하늘을 잘 쳐다보지 않고 살아요. 땅을 밟아 본 지 얼마나 되었어요? 우리가 밟고 있는 게 흙인가요, 아스팔트인가요? 아스팔트이거나 시멘트 바닥이라고요? 그래요, 여러분은 흙을 밟은 지 무척 오래되었을 거예요. 어린이 여러분이 알고 있는 나무 이름은 뭔가요? 우리는 참 많은 나무와 꽃과 함께 살고 있어요. 여러분이 나무 이름과 꽃 이름을 더 많이 알면 아는 만큼 그들과 친해질 수 있을 거예요. 나무와 꽃만이 아니에요. 물고기, 곤충, 참으로 많은 생명이 있지요. 생태계는 참으로 다양하고 신비롭고 풍요로워요.

집이 아닌 들판에서 잠을 자 본 적이 있나요? 텐트에서 자 봤지요? 어땠어요? 우리는 원래 벌레가 있고 춥고 불편한 곳에서 살았어요. 그래서 집을 짓긴 했지만요. 자연에서 잠을 자 보고 하늘을 바라보는 경험은 아주 중요해요. 자연의 수많은 생명에 비해서 내가 아는 풀 이름, 물고기 이름은 참 보잘것없어요. 그만큼 우리는 자연과 멀리 떨어져 살아온 거예요.

삼촌은 오래전부터 '풀꽃 운동'이라는 이름으로 생태 운동을 펼쳐 왔어요. 생태 운동을 하게 된 건 '우리가 참 위험한 사회에 살고 있고 세상의 아름다운 가치를 돈으로만 생각하고 있구나.'라는 마음이 들었기 때문이에요. 그래서 매년 사람이 아닌 자연에게 상을 드렸어요. '주었다'고 말하지 않고 꼬박꼬박 '드렸다'고 말했어요.

  새나 돌멩이, 풀, 갯벌의 조개, 꽃, 지렁이, 사라져 가는 토종 소, 정자나무, 맹꽁이 등의 자연물에게 상을 드렸고, 때로는 인간이 만든 골목길, 자전거 등에도 드렸어요. 왜 그랬냐고요? '자연에 대한 존경심을 회복하자'라는 생각에서 드렸어요. 우리 옛 어른들의 삶을 앞서 살펴보았지만, 우리가 본래부터 생명을 함부로 대하고 마구 파괴하지는 않았잖아요. 우리도 옛사람들처럼 자연에게 존경하는 마음을 가지고 겸손하게 행동할 수 있어요. 삼촌은 사람들이 이 상을 보면서 '우리가 누구인지, 우리가 서둘러 회복해야 할 것이 무엇인지' 살펴봤으면 좋겠다고 생각했어요.

진짜 생태는 '생명 사랑'

여러분, 곤충 채집을 하지 마세요. 숙제라고 해도 하지 말아요. 삼촌은 그런 숙제를 내는 학교는 정신이 나간 학교라고 생각해요. 예전처럼 산과 들판에 곤충이 넘쳐서 곤충 채집 숙제를 해도 될 정도로 생물종이 풍요로운 시절이 아닌데도 그런 숙제를 지금도 내는 것 같던데, 그건 우리 자연의 현실을 모르고 저지르는 습관적인 잘못이라고 생각해요. 그러니까 앞으론 그런 숙제를 하지 마세요. 우리 주변에서 나비가 사라지고 있어요. 더 잡을 나비가 없어요. 파리, 모기는 그들이 병을 옮기기 때문에 어쩔 수 없이 잡더라도 "미안해!"라고 이야기해 주세요. 정말 미안한 마음으로 잡으세요.

그리고 재미나 취미로 물고기를 잡는 것은 하지 마세요. 생명을 재미로 잡는 어른이 주변에 있으면 조용히 구경하다가 "잡은 것은 풀어주세요."라고 말하세요. 살아 있는 물고기를 잡아 옷 속에 넣거나 입에 넣고 즐겁게 사진 찍는 것은 축제가 아니라고 생각해요. 먹고살기 위해 어부는 될지언정 낚시꾼은 되지 마세요. 삼촌은 여러분이 생명을 죽이는 일보다 생명을 살리는 일을 했으면 좋겠어요. 진짜 훌륭한 사람은 생명을 사랑하는 사람이에요.

또 하나, 아름다운 것을 보면 '아름답다' 말하고, 신기한 것을 보면 '신기하다' 느끼세요. 감탄하는 것은 무척 놀라운 능력이에요. 피어나는 꽃을 보고, 흐르는 시냇물을 보고, 하늘의 구름을 보고, 낙엽을 보고, 날아가는 새를 보고, 꼬물거리는 말 못 하는 곤충을 보고, 낮은 목소리로 "야아! 신기하다, 놀랍다, 아름답다."라고 말하며 탄성을 내지르는 거예요. 여러분은 그런 능력을 넘치도록 충분히 지니고 있답니다. 어른이 되어서도 그것을 잃으면 안 돼요. 그것을 잃으면 다 잃는 거예요. 아무리 공부를 잘해도 생명을 사랑하지 않는 사람은 결국 다른 생명에게 해를 끼치는 일을 하게 될 거예요. 동무들이 가진 감동하는 힘, 사랑하는 힘, 약한 생명체나 불행에 빠진 사람들을 돌아보는 힘, 착하고 약한 벗들을 왕따시키는 사람들을 혼내 주는 힘을 지키기 위해서, 그것을 잃지 않기 위해서 공부하는 거예요. 이 점을 잊지 마세요.

[함께 생각해 봐요]

생태는 여러 생명체와 어울려 사는 삶이에요. 거기엔 계급이 없어요. 높고 낮음이 없어요. 모두가 소중하죠. 어른들은 흔히 자연이 무한정하다고 생각하지만 절대 그렇지 않아요. 강가에 있는 돌멩이를 예쁘다고 하나씩 둘씩 주워 가기 시작하면 결국 돌멩이가 하나도 남지 않게 돼요. 석유도 나무도 똑같아요. 지구를 끝없는 돈벌이 수단으로 여긴 어른들 때문에 지금 지구의 환경은 많이 황폐해졌어요. 여러분은 이런 어른들 생각이 잘못되었다는 걸 잘 알게 되었지요? 삼촌은 여러분이 못난 어른들을 부끄럽게 만들고, 잘못된 생각을 바로잡을 수 있도록 도와줬으면 좋겠어요. 그래야 어른들도 '모든 생명은 존중받아야 한다.'라는 진짜 생태 생각을 할 수 있을 테니까요.

한홍구

삼촌은 역사를 공부하는 학자이고, 성공회대학교에서 역사를 가르치고 있어요. '반헌법행위자열전' 편찬위원회 책임편집인으로 활동하고 있어요. 쓴 책으로 『한홍구의 청소년 역사 특강』, 『광장, 민주주의를 외치다』, 『유신』, 『사법부』, 『역사와 책임』, 『지금 이 순간의 역사』, 『대한민국사』(전4권) 등이 있어요.

역사에 정답이 있을까?

반갑습니다. 오늘 동무들과 역사에 대해 이야기를 나눌 한홍구입니다. 역사란 뭘까요? 사람들이 살아오면서 사회가 어떻게 변해 왔는지 그 과정을 모아 놓은 걸 역사라고 할 수 있어요. 또 사람들이

걸어온 길, 여러분이 걸어온 길은 아직 짧지만, 여러분 엄마 아빠, 할아버지 할머니가 살아온 과정은 훌륭한 역사가 될 수 있지요. 그리고 삼촌처럼 역사를 전문적으로 직업으로 공부하는 사람들도 있는데 이 사람들이 쓴 책을 역사라고도 해요. 이들이 연구하는 학문인 역사학을 줄여서 역사라고 하기도 하지요. 영어로도 역사와 역사학이 모두 '히스토리(history)'에요.

우리랑 놀자꾸나.

여러분은 역사를 좋아해요? 재미있나요? 어렸을 때 할머니 할아버지한테 옛날이야기를 많이 들었지요? 옛날이야기는 재미있지요? 옛날이야기는 좋아하는 사람이 많은데 역사는 재미없다고 생각하는 사람이 많아요. 왜 그럴까요? 삼촌이 생각해 봤는데, 역사는 시험을 보지만 옛날이야기는 시험을 안 보잖아요! 여러분은 아마 역사를 사회라는 과목에서 배울 거예요. 뭐든 시험을 본다고 하면 재미가 있다가도 없어지곤 하지요. 또 역사책에서 주로 나오는 주인공은 왕이나 장군이나 영웅이나 위인인데 옛날이야기는 삼식이나 개똥이

길동이랑 노는 게 더 재밌어요.

나 꺼벙이나 나무꾼이 주인공이에요. 왕이나 위인보다는 삼식이나 꺼벙이가 나랑 더 비슷하고 가깝게 느껴져요. 그러니까 옛날이야기는 우리 주변에서 흔히 볼 수 있는 친숙한 사람들이 주인공으로 나오고 딱딱한 정보와 복잡한 연도가 아니라 재미있는 상상의 세계를 다루기 때문에 역사보다 훨씬 재미있게 느껴져요. 하지만 역사는 어딘가 딱딱하고 나와는 상관없는 먼 나라의 이야기 같고, 왠지 폼 잡는 거 같은 느낌도 들지요.

역사에 정답이 있을까요? 어쩌면 초등학생인 여러분에게는 좀 어려운 질문일 수도 있겠어요. 요즘 학교에서 시험을 참 많이 보지요? 그래서 초등학생 여러분은 좀 덜한 편인데, 중학생, 고등학생이 되면 모든 질문에 무조건 정답을 말해야 한다는 생각에 사로잡혀 있어요. 그러면 역사에 대해 재미있는 상상을 하기가 어려워질 수밖에 없어요. 그리고 요즘 학교에서 배우는 역사책 내용이 너무 어려워요. 40년 동안 역사를 공부한 삼촌이 보기에도 '초등학교 교과서의 내용이 너무 복잡하다'라는 생각이 들 정도예요. 왜 그런 생각을 하게 되었느냐면 너무 외울 것이 많더라고요. 역사 드라마를 볼 때는 만약 내가 주인공이라면 어떻게 할지 한번쯤 상상해 볼 수 있잖아요. 그런데 역사책을 보면서는 거기에 너무 딱딱하고 어려운 말만 잔뜩 있어서 그런 식의 상상을 하기가 쉽지 않아요. 또 역사책을 보면 대부분 한 가지 입장의 이야기만 나와 있잖아요? 삼촌은 여러분이 역사책에 나왔다고 해서 모든 걸 그대로 믿지 말고 여러분 나름의 상상력을 발휘하면서 읽었으면 좋겠어요. 왜냐하면 똑같은 사건도 입장에 따라 다 다르게 생각할 수 있거든요. 내가 생각하기에는 난 잘못한 게 하나도 없는 거 같은데, 선생님이나 아빠는 나를 막 혼낸단 말이에요. 또 난 진짜 뭔가 잘한 거 같은데 형이나 오빠가 보기엔 아무것도 아닐 수 있고요.

> "역사에 정답이 있을까요?
> 역사책에 나왔다고 해서 모든 걸 그대로 믿지 말고
> 여러분 나름의 상상력을 발휘하면서
> 읽었으면 좋겠어요. 똑같은 사건도 입장에 따라
> 다 다르게 생각할 수 있거든요."

똑같은 사건도 보는 입장에 따라 다를 수 있어

조선 시대 세종 대왕 때 일한 황희 정승, 아시죠? 아주 유명한 사람인데, 지금으로 말하자면 국무총리쯤 될 거예요. 많은 사람이 조선 시대 500년 통틀어 가장 뛰어난 정승이라고 말하지요. 어느 날 황희 정승이 하인이랑 길을 가는데 저기에서 두 사람이 막 싸우는 거예요. 무슨 일인가 싶어 가까이 갔더니 한 사람이 "대감님, 제 이야기를 좀 들어 주세요!"라면서 하소연을 해요. 가만히 듣고 있던 황희 정승은 이렇게 말했지요. "그래, 듣고 보니 네 이야기가 맞구나!" 그러자 옆에 있던 다른 사람이 억울하다면서 또 이야기를 막 하는 거예요. 황희 정승이 들어 보니까 이 사람의 말도 그럴듯하단 말이에요. 그래서 고개를 끄덕끄덕하며 "네 말도 옳은 거 같다."라고 했어요. 그걸 지켜본 하인이 끼어들었어요. "아니, 이런 게 어디 있습니까? 둘 중 하나가 옳다면, 다른 하나는 틀린 게 아닙니까?" 하인의 이야기를 들은 황희 정승은 씩 웃으면서 "응, 그래. 네 말도 맞다."라고 했어요. 세 사람의 말이 다 맞을 수 있나요? 아마도 황희 정승은 자기 처지에서만 바라보면 내 이야기가 무조건 옳다고 우기게 된다는 걸 이야기하고 싶었을 거예요.

비슷한 예를 하나 더 들어 볼게요. 여러분이 좀 더 크면 볼 수 있는 영화인데요, <라쇼몽>이라는 일본 영화 이야기를 해 볼게요. 이 영화는 영화를 만드는 사람이나 영화 평론을 하는 사람들 사이에서는 무척 유명해요. 어떤 사람은 세계에서 가장 잘 만든 영화 중 하나라고 할 정도예요. 삼촌도 무척 좋아한답니다. 아주 옛날 일본에서 유명한 사무라이 부부가 산길을 가다가 악명 높은 산적을 만났어요. 산적은 남편을 죽이고 부인에게 몹쓸 짓을 했어요. 그리고 부부가 가지고 있던 좋은 물건을 빼앗아 달아났어요. 여기까지가 일어난 일, 영어로 이야기하면 팩트(fact)예요. 이 사건이 만약 신문에 났다면 '아무개 부부가 길을 가다가 산적을 만나서 남편은 죽고 가지고 있던 좋은 물건을 다 빼앗겼다.'라고 표현되겠지요. 여기서 끝난다면 영화가 재미있을 리 없겠지요? <라쇼몽>은 이 사건을 여러 사람의 입장에서 좀 더 자세하게 이야기를 풀어냈어요. 이 사건의 시시

비비를 가리기 위해서 관청에서 재판이 벌어져요. 산적을 잡아 놓고 먼저 사건에 대한 아내의 이야기를 듣지요. 아내는 남편과 길을 가는데 산적이 나타나 남편을 죽이고 재물을 빼앗아 갔다고 해요. 그런데 아내의 이야기를 듣던 산적이 사실은 그게 아니라면서 자기 이야기를 시작해요. "내가 남편을 죽이고 물건을 뺏기는 했지만, 사실은 아내가 남편을 죽여 달라고 나한테 요구했기 때문에 죽였다."라고요. 두 사람의 이야기가 전혀 다르니까 재판장이 판단하기가 어려웠을 거 아니에요? 그래서 무당을 불러 죽은 남편의 영혼을 불러왔어요. 그런데 남편의 영혼이 하는 이야기가 앞에 두 사람이 한 이야기와 또 달라요. 자기는 죽임을 당한 게 아니라 자살한 것이고, 부인이 자기를 배신했다는 거예요. 상황은 더 혼란스러워졌지요. 그래서 그 사건을 목격한 나무꾼을 불러서 이야기를 해 보라고 하는데, 나무꾼은 또 다른 이야기를 하는 거예요. 그 산적은 우리나라의 임꺽정이나 홍길동처럼 싸움 잘하기로 소문나 있었고, 남편은 일본 최고의 검객으로 유명했다고 했는데 실제로 남편과 산적이 칼싸움을 하는 걸 보니까 둘 다 싸움을 아주 못하더라는 거예요. 둘 다 겁에 질려 벌벌 떨며 싸우다가 엉켜 뒹구는 와중에 남편이 칼에 찔려 죽었다는 거예요. 여러분이 듣기에 어때요? 그래도 나무꾼의 이야기가 사실에 가까울 것 같지요? 하지만 나무꾼도 그때 벌어졌던 모든 일을 말하지는 않았어요. 왜냐하면 그도 도둑이 챙겨 가지 못한 부부의 값비싼 보물을 몰래 슬쩍했거든요. 결국 네 사람이 다 자기 입장에서, 자기식으로, 자기한테 유리하게 이야기한 거예요. 영화를 보고 삼촌은 '세상에 믿을 이야기 하나도 없다.'라는 생각을 하게 되었어요.

사람들은 자기에게 유리하게 모든 역사를, 기록을, 주장을 하기 마련이에요. 그러므로 역사에는 정답이 없어요. 다만 '그 사람의 이야기', '나의 이야기'가 있을 뿐이지요.

**우리도 역사의 아픈 부분,
부끄러운 부분을
볼 권리가 있어요.**

이런 색안경은
필요 없다옹.

의거일까, 테러일까?

 안중근 의사, 아시죠? 이분은 이토 히로부미를 쏴 죽였어요. 이토 히로부미는 일본의 정치가로 우리나라를 침략한 일본 제국주의 세력의 우두머리였어요. 일본에서 총리대신을 지냈고, 일본이 조선을 거의 점령하고 나서 한국통감부라는 걸 만들었는데 그 통감부의 초대 통감이었어요. 그 사람을 안중근이 중국 하얼빈역에서 총으로 쏴서 죽였어요.
 '안중근이 이토 히로부미를 하얼빈역에서 쏴 죽였다.' 이것은 조선 사람이나 중국 사람이나 일본 사람이나 모두 인정하는 사실이에요. 그런데 '안중근이 이토 히로부미를 왜 쏴 죽였을까?'를 생각하면 조선 사람과 일본 사람의 생각이 아주 달라져요. 우리나라 사람에게 안중근은 아주 훌륭한 독립운동가예요. 가장 존경받는 독립운동가이기도 하지요. 그런데 일본 사람도 그렇게 생각할까요? 한번 따져 봅시다. 안중근은 이토 히로부미를 죽이려고 총을 가지고 역에 몰래 숨어 있었어요. 이토 히로부미는 총을 가진 군인이 아니었어요. 무장하지 않았다는 말이지요. 보통 누군가 숨어서 민간인을 쏘는 걸 뭐라고 하나요? 암살, 테러라고 해요. 어떻게 보면 안중근은 이토 히로부미를 암살, 테러한 거예요. 하지만 우리는 안중근을 암살범, 테러리스트라고 부르지 않아요. 높여서 안중근 의사라고 하지요.

나는 조국에서는 독립운동가이지만 일본에서는 테러리스트예요.

그렇게 볼 수도 있군요.

슬프다옹~

미국이 이라크에서 전쟁을 일으켰어요. 그래서 당시에 정말 많은 사람이 죽었어요. 만약 이 전쟁으로 부모 형제를 잃은 이라크의 한 청년이 전쟁을 일으킨 미국의 부시 전 대통령을 총으로 쏘았다고 해 봅시다. 우리는 이 청년을 뭐라고 부를까요? 우리는 '부시가 테러리스트의 총에 맞았다.'라고 할 거예요.

똑같은 행동인데, 왜 우리는 다르게 느끼고 다르게 평가할까요? 왜 내가 한 행동은 헐렁한 자로 재고 남이 한 행동은 촘촘한 자로 잴까요? 이런 걸 이중 잣대라고 하는데, 세상일을 판단할 때는 같은 자로 잴 필요가 있어요. 우리가 안중근을 독립운동가로, 의로운 사람으로 여기듯, 우리가 테러라고 부르는 행동을 한 사람도 어떤 나라 사람에게는 훌륭한 일을 한 사람으로 여겨질 수 있다는 것을 알아야 해요. 가능성을 열어 놔야 한다는 거예요. 그런 면에서 우리가 역사를 판단한다는 게 간단한 일은 아니에요.

> **우리가 역사를 판단한다는 게 간단한 일은 아니에요. 이토 히로부미를 쏴 죽인 안중근도 우리에게는 독립운동가이고 의로운 사람이지만, 일본 사람에게는 암살범이고 테러리스트예요.**

누가 역사를 만들어 갈까?

역사는 누가 만들어 갈까요? 역사를 만드는 사람은 위대한 왕이나 대통령일까요? 장군일까요? 농부일까요? 영웅일까요? 노동자일까요? 역사를 만들어 가는 사람은 '수많은 사람'입니다. 왕이나 대통령, 영웅이 만들어 가는 게 아니에요. 물론 이들이 때로는 중요한 역할을 하기도 합니다. 하지만 그게 다가 아니거든요. 평범한 사람들이 모여서 진짜 역사를 만들어 가는 거예요. 다들 촛불 혁명 보셨죠? 여러분이, 여러분의 부모님이, 우리 한 사람 한 사람이 역사의 주인이라는 말입니다.

역사는 발전할까요? 아니면 똑같은 일이 되풀이될까요? 삼촌이 생각하기에는 150년 전보다는 지금이 훨씬 더 나아진 거 같아요. 그런데 똑바로 직선으로 나아지진 않아요. 가끔 보면 역사는 되풀이되는 것 같기도 하거든요.

그러나 삼촌은 역사는 진보한다고 생각해요. 여러분은 어떻게 생각해요? 150년 전보다 우리 삶이 좀 나아졌을까요? 만약 150년 전이라고 하면 우리 중에 3분의 1쯤은 여기에 앉아 있지 못했을 거예요. 왜냐하면 노비나 천민이기 때문이에요. 150년 전에는 우리나라 사람의 30% 정도가 노비였거든요. 노비는 양반이랑 같이 앉아서 공부할 수 없었어요. 남자 여자가 같은 방에서 함께 공부할 수도 없었지요. 150년이 너무 멀게 느껴지나요? 그럼 30년 전은 어때요? 여러분 엄마 아빠가 어릴 적, 그때는 세상이 어땠을까요? 그때하고 지금을 비교하면 어떨까요? 그리고 앞으로 30년 후는 어떨까요? 여러분이 커서 어른이 되었을 때, 그때는 세상이 어떻게 달라져 있을까? 어떤 과정을 거쳤을까? 이런 생각을 한번 해 보는 것도 재미있을 거예요.

삼촌은 여러분에게 이 말을 꼭 하고 싶어요. 우리가 지금 당연하게 누리는 것들, 당연하게 생각하는 것들이 150년 전에는 절대 쉽지 않은 일이었다는 거예요. 쉬운 예를 들어 보면, 지금 여러분 반에서 반장을 뽑을 때 여학생도 투표하지요? 그런데 만약 '여자가 무슨 투표를 해. 투표는 남자들만 하는 거야!'라고 말하면서 여학생은 투표하지 못하게 한다면 어떨 것 같아요? 지금 생각하면 말도 안 되는 이

역사가 진보한다면
우리 손으로 교육감도 뽑고
정치인도 뽑는 날이 오겠죠.

야기지만 옛날엔 반대로 여성이 투표하는 것을 말도 안 되는 일이라고 여겼어요. 심지어 투표하겠다는 여성이 있으면 감옥에 보냈어요. 정신 병원에도 보냈어요. 그런데도 자꾸 투표하겠다고 하면 죽이기도 했어요. 150년 전에는 여성이 투표하겠다고 하면 단두대에서 목이 잘렸어요. 많은 사람이 그걸 당연하게 여겼어요. 하지만 지금은 어떤가요? 여성이 투표하는 걸 누구나 당연하게 생각하잖아요.

역사가 진보한다는 것은 이런 거 같아요. 전에는 말도 안 된다고 생각했던 것들이 당연한 것으로 바뀌는 과정, 이것을 진보라고 해요.

> **역사는 누가 만들어 갈까요?**
>
> **역사는 평범한 사람들이 만들어 가요.**
>
> **역사는 발전할까요?**
>
> **역사는 진보한다고 생각해요.**
>
> **전에는 말도 안 된다고 생각했던 것들이**
>
> **당연한 것으로 바뀌는 과정,**
> **이것을 진보라고 해요.**

우리가 지금은 당연하게 생각하는 것들이 예전에는…

단군 할아버지, 아시죠? 한국 사람은 모두 단군 할아버지의 자손이라고 하지요. 여러분은 어떻게 생각해요? 우리는 왜 단군 할아버지의 자손인지 아닌지를 중요하게 여기면서 따지게 되었을까요? 과연 언제부터 우리는 단군 할아버지의 자손이라고 생각하게 되었을까요? 우리가 정말 단군 할아버지의 자손일까요? 삼촌은 우리가 모두 단군 할아버지의 자손이라고 생각하지 않아요. 확인해 볼게요. 김씨 성을 가진 친구, 손들어 볼까요? 김씨는 크게 김해 김씨와 경주 김씨가 있지요. 여러분, 혹시 경주 김씨의 시조가 누구인지 알아요? 김알지예요. 이름에 '알'이 들어가 있어요. 김해 김씨의 시조인 김수로왕도, 박혁거세도, 주몽도 알에서 나왔어요. 설화에 보면 나라의 시조는 모두 알에서 나왔어요. 이상하지요? 단군 할아버지가 알을

깠을까요? 단군 할아버지의 자손이라는 것과 알에서 나온 시조 설화가 서로 맞지 않는다는 걸 알 수 있지요? 뭔가 이상한 거예요.

만약 조선 시대에 "우리는 전부 단군 할아버지의 자손이오."라고 말하는 사람이 있었다면 그 사람은 국법을 어긴 사람이 되었을 거예요. 조선 사회는 신분제 사회예요. 신분제 사회는 높은 사람과 낮은 사람이 따로 있다고 여기는 사회랍니다. 양반과 상놈은 종자가 다르다고 믿었거든요. 그런데 우리는 모두 단군 할아버지의 자손이라고 하면 똑같은 조상을 가졌다는 얘긴데 이게 조선 시대의 생각으로는 말이 안 되는 소리예요.

그동안 '우리는 단군 할아버지의 자손'이라는 말을 당연하게 여겨 왔어요. 왜냐면 일제 강점기 때, 그 전까지는 우리 민족이 신분제로 갈라져 있었잖아요, 그걸 극복하는 좋은 방법이 '우리는 단군 할아버지의 자손이다, 우리는 일본 사람과는 다르다', 이렇게 구분을 하는 일이었거든요. 그런데 이제는 민족 구성이 달라졌어요. 우리 주변에 다문화 가정을 많이 볼 수 있잖아요. 외국인이 와서 한국인과 결혼을 하고 자식을 낳고, 이주 노동자들이 한국에 들어와 가정을 이루고 생활해요. 그들의 자녀가 자라서 여러분 또래가 된 친구들도 있어요. 여러분은 그들과 사이좋은 친구가 되어야 해요. 그 친구들에게 "너희는 이상한 나라에서 왔고, 우리는 단군 할아버지의 자손이야!", 이러면 매우 나쁜 말이 되는 거예요. 만약 우리가 이런 걸 자꾸 따지면 그 친구들은 아마도 마음에 커다란 상처를 받게 될 거예요.

 1900년대 우리가 나라를 빼앗겼을 때는 '우리는 단군 할아버지의 자손'이라고 말하는 것이 신분제를 뛰어넘고 민족적 단결을 강조하는 굉장히 앞선 진보적인 주장이었어요. 그런데 100년이 지난 지금은 그렇게 말하는 것이 굉장히 시대에 뒤떨어진 이야기가 되었어요. 똑같은 이야기인 거 같지만 역사가, 시대적인 환경이 그만큼 변했기 때문이에요.

 역사는 늘 진보하고 발전해 왔어요. 그런데 지금 우리가 누리는 것 중에 거저 얻은 게 하나도 없어요. 늘 누군가의 피와 땀으로 발전해 온 거예요. 우리가 누리는 민주주의도 그렇고, 여성이 투표할 수 있는 권리도 다 요구하고 싸워서 얻은 거예요.

 역사는 이렇게 싸워서 바뀌어 왔기 때문에, 권력을 가진 사람들은 보통 사람들이 힘 있는 사람들과 싸우지 못하게 길들여 왔어요.

 일제 시대에는 학교에서 머리를 빡빡 깎고 자세를 똑바로 한 다음에 일본인 교사에게 수업을 받았어요. 지금도 중·고등학교에 가면 머리 길이를 규제하는 학교가 많아요. 왜냐면 머리 길이를 통제하는 게 사람을 길들이는 손쉬운 방법이기 때문이에요. 그리고 '신사'라고 하는 일본 사당에 강제로 참배하게 했어요. 정해진 시간에 일본 천황이 있는 쪽으로 머리를 숙이게 했어요. 자꾸 절하게 하는 건 복종하게 하는 거예요. 교육에서 자꾸 질서를 지켜라, 줄을 잘 맞춰라, 어른들 말을 잘 따르라고 강요하는 건 복종하는 사람을 만들어 가기 위해서랍니다.

> **역사는 늘 진보하고 발전해 왔어요.**
> **우리가 누리는 것 중에 거저 얻은 게 하나도 없어요.**
> **늘 누군가의 피와 땀으로 발전해 온 거예요.**
> **우리가 누리는 민주주의도 그렇고,**
> **여성이 투표할 수 있는 권리도 마찬가지예요.**

역사 속의 다양한 사람들

　역사에는 많은 사람이 나와요. 좋은 사람도 있고 나쁜 사람도 있어요. 그리고 자기가 역사의 주인공이 되고 싶어 하는 사람도 있고 많은 걸 가지려고 하는 사람도 있어요. 남을 위해서 헌신하는 사람도 있어요. 여러분, 위인전을 자주 읽지요? 위인전에 나오는 사람은 어때요? 엄청 훌륭해요. 나랑은 정말 다른 사람들 같아요. 나는 뭐 하나 잘하는 게 없는데 위인전에 나오는 사람은 어릴 때부터 뭐든 다 잘해요. 태몽부터 남다르잖아요. 오색구름이 찬란하게 떠 있고 새들이 노래하고 용이 하늘을 날아다닌다잖아요. 뭔가 이상하죠? 어떻게 하나같이 그럴 수가 있지요? 여러분, 기죽을 필요 없어요. 역사 속 위인을 따라 하기보다, '나는 어떻게 살아야 할까?'를 곰곰이 생각해 보면 되는 거예요.

박정희 대통령, 아시죠? 처음에는 대통령이 아니었고 군인이었답니다. 박정희는 일제 때 일본군에 들어갔어요. 혈서까지 써서 군관에 지원할 정도로 간절한 마음이었어요. 군관학교에 들어가 1등으로 졸업했지요. 그리고 일본에 유학을 갑니다. 장준하라는 사람은 아세요? 광복군, 독립군 출신이었어요. 박정희와 장준하, 이 두 사람은 나이가 비슷한데, 한 청년은 일본군이 되었고 한 청년은 광복군이 되었어요. 우리 역사가 이렇게 갈라져 있었어요.

전태일은 아세요? 당시 전태일이 일하던 청계천 평화 시장 안 작은 공장에는 지금 여러분보다 두어 살 더 많은 언니 누나들이 돈도 얼마 못 받으면서 온종일 빛도 못 보고 허리도 못 펴고 엄청난 먼지를 마시며 일했어요. 전태일은 이런 노동자들을 위해서 근로 기준법을 지키라고 하면서 자기 몸에 불을 질렀어요. 노동자를 보호하기 위한 근로 기준법을 만들어 놓고 지키지 않으면 안 되잖아요? 전태일은 밥도 못 먹고 일하는 어린 여공에게 자기 차비를 털어 풀빵을 사 주고 두 시간씩 걸어서 집에 간 사람이에요.

역사에는 박정희처럼 내가 아니면 안 된다며 자기가 꼭 대통령을 해야겠다고 욕심을 부린 사람이 있는가 하면 전태일처럼 남을 위해 자기를 희생한 사람도 있어요. 아주 다양한 사람이 있고, 꼭 이름 있는 특별한 사람이 아니더라도 평범하지만 역사를 만들어 간 수많은 사람이 있어요.

진짜 역사를 알고 재미있어하면 좋은 게 참 많아요. 삼촌이 몇 가지 이야기해 볼게요. 역사를 알면 오늘보다는 내일이 좋아진다는 사

수많은 촛불이 모여 잘못된 권력을 무너뜨린 날,
역사는 우리가 만들어 간다는 걸 알았어.

실을 알게 되니까 낙관적이 될 거예요. 다양한 사건을 만나게 되니까 이해심도 많아질 테고요. 역사엔 좋은 사람만 기록되는 것이 아니라는 사실을 알기 때문에 남에게 손가락질 받는 일은 하지 않을 거예요. 즉, 부끄러움과 염치를 알게 된다는 거지요. 그리고 자기가 피해를 본 건 아니지만 내가 사는 공동체 또는 옆에 있는 친구가 피해를 당했다면 그것에 분노할 줄 아는 사람, 동정심이 많은 사람이 될 수 있어요. 또 역사를 좋아하면 다른 사람의 주장을 비교해 보고 문제점을 찾아 질문할 줄 알게 되고, 합리적인 의문을 품게 될 거예요. 그래야 문제를 풀고 좀 더 깊이 있게 여러분 자신의 의견을 만들어 갈 수 있어요. 역사를 너무 딱딱하고 어렵게만 생각하지 말고 재미있게 생각했으면 좋겠어요.

[함께 생각해 봐요]

삼촌은 여러분이 역사에 흥미를 가지고 여러 책을 많이 읽었으면 좋겠어요. 삼촌이 경험해 보니까 어른이 된 다음에는 상상력이 잘 생기지 않거든요. 여러분 나이에 신나게 잘 놀고 책도 재미있게 읽었으면 좋겠어요. 그럼 상상력이 쑥쑥 늘어날 거예요.

그리고 역사책을 읽을 때 이 점을 꼭 생각해 주세요. 삼촌은 여러분이 역사책을 보면서 단편적인 지식에만 집착하지 않았으면 좋겠어요. 여러분이 이순신 장군의 난중일기를 읽는다면 이순신 장군의 3대 대첩, 이름도 잘 모르고 몇 년도에 일어났는지 순서는 기억하지 못하더라도 이순신 장군이 모함을 당해 백의종군할 때 어떤 마음이었으며, 조선 수군이 크게 패한 뒤 다시 수군을 맡았을 때 "아직 소신에게는 배가 열두 척이나 남아 있습니다."라고 비장하게 말할 때 어떤 마음이었는지, 난중일기에 어떤 고민을 적어 놨는지, 책을 읽고 이야기할 수 있었으면 좋겠어요. 작은 지식을 달달 외우는 게 아니라 역사의 큰 흐름을 이해하는 사람이 되었으면 좋겠다는 거예요. 동무들은 어떻게 생각해요?

진짜 노동이 뭐야?

3

이갑용

삼촌은 노동 운동가예요. 현대중공업노조 위원장, 민주노총 위원장으로 일했어요. 노동자 출신으로 최초로 구청장(울산 동구)에 당선되었지만 공무원 노조에 대한 징계를 거부해 중도 사퇴를 당하기도 했어요. 쓴 책으로는 『길은 복잡하지 않다』가 있어요.

노동이란? 노동자란?

학교에서 '노동'이라는 말을 들어 본 적 있나요? 오늘은 여러분과 학교에서 배우지 않은 '진짜 노동'에 대해 이야기 나눠 볼 거예요.

노동이란 뭘까요? 사전에 나와 있는 걸 살펴보면 노동은 '자연 상태의 물질을 인간 생활에 필요한 것으로 변화시키는 활동'이라고 해요. 어떤 것들이 있을까요? 자연 상태의 물질을 변화시키는 거라고 했으니까 그 예를 말해 보지요. 주변에서 쉽게 볼 수 있는 나무 같은 것이 있겠지요? 나무를 이용해서 가구를 만들거나 집을 지을 수 있는 목재를 만드는 것이 노동이에요. 석탄을 캐서 연료로 쓸 수 있게 가공하거나 석유를 캐서 기름으로 쓰는 것도 노동이지요.

그렇다면 노동자는 뭘까요? 사전에는 '직업의 종류를 불문하고 노동력을 판매하여 얻은 임금을 가지고 생활을 유지하는 사람'이라고 나와 있어요. 여러분, 노동자 하면 맨 먼저 무엇이 떠오르지요? 사람들은 노동자 하면 맨 먼저 공장이나 회사에서 일하는 사람을 떠올려요. 삼촌은 노동자예요. 삼촌한테 '직업이 뭐냐?'라고 물어보면 노동자라고 대답해요. 그런데 노동자이면서도 노동자라고 말하지 않는 사람이 많아요. 왜 그럴까요?

이 사람들은 노동자일까요?

의사, 간호사, 교사, 운전사, 요리사

노동자라는 말의 뜻에는 직업의 종류를 불문한다고 했어요. '불문한다'는 가리지 않는다는 뜻이에요. 어떤 직업을 갖고 있느냐에 상관없이 일하고 그 대가로 받은 임금으로 사는 사람은 노동자예요. 그래서 여러분 부모님도, 그리고 삼촌도 노동자이지요. 의사도 자기의 노동력을 팔아 임금을 받고 생활하기 때문에 노동자예요. 여러분 학교에서 만나는 선생님도 버스 운전기사님도 지하철 운전기사님도 요리사도 모두 노동자이지요.

자, 그렇다면 이 사람들은 노동자일까요?

자~
노동자 여러분!
단체 사진 찍을게요.

판사, 변호사, 검사, 군인, 경찰, 소방수, 교도관, 비행기 조종사, 기차 운전사, 연예인, 운동선수

판사, 검사, 군인, 경찰, 교도관 같은 공무원도 열심히 일하고 임금을 받아요. 그러니까 노동력을 팔고 임금을 받아 생활하는 노동자이지요. 그뿐만 아니라 아이돌 그룹, 걸 그룹 등 여러분이 많이 알고 좋아하는 연예인도 노동자예요. 스포츠 선수도 노동자예요. 스포츠 선수도 소속된 구단에서 연봉을 받아요. 유명한 스포츠 선수는 어마어마하게 연봉을 받으니까 노동자가 아닐 거라고 생각하는 친구들도 있는데, 얼마를 받느냐에 상관없이 스포츠 선수도 노동자예요.

우리 주변에 노동자 아닌 사람이 없어요. 사회의 거의 모든 사람이 노동자예요. 그렇지요? 여러분도 곧 노동자가 된답니다.

남산 타워, 63빌딩을 보면 어떤 생각이 드나요?

인천 대교와 설악산에 있는 케이블카, 그리고 산봉우리와 산봉우리를 이어 주는 구름다리를 보면 어떤 느낌인가요? 여러분은 이것들을 보고 멋지다고 느끼기도 하고 타고 싶어 하기도 해요. 그런데 삼촌은 여러분과 조금 다른 생각이 들었어요. 이걸 보면서 "이건 누가

만들었을까? 만드느라고 정말 힘들었겠다. 만들다가 다치거나 사고로 죽은 사람들도 있겠지?"라는 생각이 났어요. 우리가 멋지다고 느끼고 편하게 즐기며 재미있게 누리는 것은 모두 누군가의 노동으로 만들어졌어요. 세상의 많은 것이 노동자들의 노동으로 만들어진 거예요.

> "어떤 직업을 갖고 있느냐에 상관없이 일을 하고 그 대가로 받은 임금으로 사는 사람은 노동자예요. 우리가 멋지다고 느끼고 편하게 즐기며 재미있게 누리는 것은 모두 노동자의 노동으로 만들어졌어요."

여러분, 노동조합 알아요?

　삼촌은 30년 전 현대 중공업에서 일하는 노동자였어요. 착하고 성실하게 일하던 삼촌이 어느 날 머리띠를 두르고 저항하기 시작했어요. 왜냐면 같이 일하는 노동자들의 비참한 모습을 봤기 때문이에요. 삼촌이랑 같이 일하던 동료 노동자들은 자기들의 모습을 무척 부끄럽게 생각했어요. '내가 못나서 힘든 일을 하고 있다', '나는 지지리 궁상으로 살고 있다'라고 여기면서 세상을 살아갔지요. 그때는 회사가 군대랑 다를 바 없었어요. 지금은 상상하기도 어렵지만, 그때는 회사에 들어가면 머리를 바리캉으로 빡빡 밀었어요. 회사 정문을 지키고 있던 경비들이 머리가 긴 노동자를 붙잡아서 강제로 밀기도 했어요. 동무들, '조인트 깐다'라는 말 알아요? 안전화라는 신발이 있어요. 공장이나 공사 현장에서 발을 보호하려고 신는 작업

용 신발인데 엄청 단단해요. 그걸로 정강이를 차는 거예요. 동료 노동자들은 수도 없이 조인트를 까였어요. 그뿐만 아니라 노동자에게 심한 욕, 험한 말도 함부로 하고 식칼을 들고 위협하기도 했어요. 동료 노동자들은 그때를 이렇게 표현해요. "우리는 짐승처럼 살았다!"

  삼촌 동료는 자기 아이들에게 "너희는 커서 절대로 나처럼 살지 마라."라고 말했어요. 공부 열심히 해서 돈 있고 힘 있는 사람이 되라고 했어요. 절대로 내 자식만큼은 노동자로 키우지 않겠다고 생각했어요. 그러다가 서로 만나서 이야기를 나눴지요. "우리 아이들이 나를, 아빠를 자랑스럽게 생각할까?" 그렇지 않을 것 같았어요. 그게 참 비참하고 싫었어요. 그래서 아이들에게 자랑스러운 아빠가 되려고 우리는 요구하기 시작했어요. 짐승이 아니라 사람답게, 일하는 만큼 정당하게 대우해 달라고요. 이런 주장을 하려고 우리는 노동조합을 만들었어요. 여러분, 노동조합 알아요? 노동자 한 사람이 뭘 하기는 참 어려워요. 그래서 단체로 주장하고 행동할 수 있도록 함께 뭉치고 힘을 모아서 조합을 만드는 거예요. 노동자가 노동조합을 만들 권리는 법으로 보장되어 있어요. 그리고 노동조합만 만드는 게 아니라 뭉쳐서 힘을 발휘하는 걸 파업이라고 해요. 파업은 일하지 않는 거예요. 그럼 회사가 굴러가지 않겠지요? 노동자들은 파업을 통해서 노동자의 말을 들어주지 않는 회사에 자기 의견을 주장하고 시위도 해요. 파업도 역시 법으로 보장된 권리예요.

  삼촌이 그때 요구한 것은 '머리 모양, 옷차림 자유롭게 하고 싶다. 법으로 보장하는 권리인데 왜 노동조합을 인정해 주지 않느냐. 같은 일을 하는 노동자니까 차별하지 마라. 일한 만큼 정당한 임금을 달라.'였어요. 이런 요구가 잘못되었나요? 삼촌은 정당하다고 생각해요. 이런 정당한 요구를 하는 노동자들을 경찰은 강제로 해산시키고 감옥에 가뒀어요. 삼촌도 노동조합 활동을 하다가 세 번이나 감옥에 갔어요. 도둑질한 적도 없고 강도질한 적도 없는데 노동조합을 만들었다고, 노동조합을 인정하라고 주장했다고 감옥에 간 거예요.

내가 비밀 하나 알려 줄게.
노동자가 없으면
세상은 돌아가지 않아.

저길 봐.
노동자들이 만들고 움직이는 도시의 모습이야.

 이런 일을 겪으면서 삼촌과 동료 노동자들은 깨달았어요. 우리를 지켜 준 건 경찰도 회사도 아니고 노동조합이었어요. 노동조합은 법으로 보장된 노동자들의 권리이고, 파업은 노동조합이 할 수 있는 가장 힘 있는 행동이라는 사실도 알게 되었지요. 깡패가 단체로 모여 조직을 만들면 불법이지만, 노동자는 조직을 만들 수 있고 단체로 행동할 수 있어요. 그래서 우린 우리를 지키기 위해 노동조합을 만들었어요.

노동자는 세상의 주인이고, 노동 없이는 아무것도 할 수 없다는 걸 알게 되니까 신이 났어요. 사회의 많은 사람이 다 노동자이고 우리가 없으면 세상은 돌아가지 않아요. 여기 있는 탁자를 만든 사람도 노동자이고 학교 선생님도 노동자예요. 우리가 먹는 음식, 사는 집, 타는 차도 모두 노동자가 만들었어요. 한 회사의 노동조합 힘은 약하기 때문에 모든 회사의 노동조합이 힘을 모아서 '전국민주노동조합총연맹(민주노총)'이라는 단체도 만들었어요. 그리고 삼촌은 민주노총 두 번째 위원장으로 활동했어요.

예전에는 정치가 만날 돈 있고 힘 있는 사람들의 대표만 하는 걸로 알았는데 이제는 노동자들이 직접 노동자 대표를 뽑아서 선거에 내보내기도 해요. 삼촌도 노동자 대표로 울산 동구청장 선거에 나가서 당선되었고, 열심히 일했어요. 노동자들의 삶이 참 많이 바뀌었어요. 이제 노동자는 노동자라는 이름을 더는 부끄러워하지 않아요. 노동자가 없으면 세상이 돌아가지 않는데 내가 노동자라는 게 뭐가 부끄럽겠어요!

우리가 몰랐던 노동 이야기

동무들도 참 좋아하는 초콜릿, 밸런타인데이 때 동무나 부모님께 선물하고 평소에도 즐겨 먹지요? 이 달콤한 초콜릿에 숨겨진 이야기가 있어요.

서아프리카 지역의 카카오 농장에서 일하는 어린이 노동자가 30만 명이에요. 여러분 또래예요. 이 아이들은 학교에도 가지 못하고 줄곧 농장에서 일해요. 이 아이들은 대부분 인신매매나 납치로 끌려왔고, 열네 살도 되지 않았어요. 아이들은 갇힌 채 매를 맞으며 강제로 노동하고, 잦은 농약 살포로 심지어 죽기까지 해요. 초콜릿은 이 아이들의 아픔으로 만들어진 거예요.

월드컵, 잘 알지요? 흔히 월드컵을 세계인의 축제라고 해요. 하지만 월드컵이 고통스러운 아이들도 있어요. 축구를 하려면 뭐가 필요하지요? 축구공이 필요해요.

　피버노바, 팀가이스트, 자블라니는 모두 월드컵 공인 축구공이에요. 그런데 인도와 방글라데시에서 이 축구공을 만드는 아이들은 매우 고통스럽게 일하고 있어요.

　이 아이들은 다섯 살 때부터 축구공을 만들어요. 어두운 곳에서 가죽을 꿰매는 일을 하는 아이들은 눈이 멀었어요. 학교도 못 가고 온종일 축구공을 만드는데, 천 원도 안 되는 돈을 받아요. 월드컵을 이용해서 엄청나게 돈을 벌려고 하는 사람들 때문에 착취당하고 죽어 가는 어린이들이 있다는 사실을 잊어서는 안 돼요.

　여러분에게는 의무가 있어요. 어린이의 의무가 뭔지 알아요? 바로 노는 거예요. 신나게 열심히 놀아야 해요. 그런데 인도, 방글라데시 등 여러 곳에서는 이렇게 어린이들이 놀지도 못하고 먹고살기 위해 일을 해요. 한국의 어린이들은 죽도록 공부만 하지요. 다 잘못된 거예요. 여러분은 열심히 신나게 놀아야 하고, 어린이들이 신나게 놀 수 있도록 어른들과 사회는 온 힘을 다해서 도와야 해요.

아동 노동 착취로
만든 초콜릿

아동 노동 착취로
만든 축구공

위험 물질에 노출된
노동자가 만든 핸드폰

노동자들의 희생으로
만든 기타

왜 이렇게 노동자가
고통받아야만
세상이 돌아가는 거예요?
그러니까 우리가 '노동자'를
부정적인 단어로
받아들이는 거라고요.

화려한 것들 너머에 있는 아픔

 높은 빌딩들, 어때요? 멋져 보이나요? 이 빌딩을 이렇게 깨끗하게 유지하려면 청소하는 사람들이 필요해요. 그런데 청소하는 노동자들에 대한 대우는 정말 형편없어요. 좁은 방에서 쪼그려 앉아 밥을 먹고, 회사 마음대로 아무 때나 자르지요.

 여러분도 휴대 전화 가지고 있나요? 아이돌 스타들이 나와서 화려하게 광고도 하고, 커다란 LED 화면을 자랑하기도 하지요. 이런 화려함 뒤에는 반도체 회사에서 일하는 노동자들의 고통이 담겨 있어요. 반도체 칩을 만드는 공장에서 나오는 나쁜 물질 때문에 거기서 일하는 노동자들이 백혈병에 걸렸어요. 휴대 전화를 만드는 회사는 엄청나게 돈을 벌어요. 그 돈이 공장에서 일하는 노동자들의 건강을 위해서도 쓰여야 하는데 그렇지 않은 거예요.

여러분은 콜트콜텍이라는 회사 이름을 들어 본 적 있나요? 콜트콜텍은 기타를 만드는 공장이에요. 악기는 햇볕과 습기를 조심하면서 섬세하게 만들어야 좋은 소리가 난답니다. 그래서 이 공장엔 창문이 없어요. 환기도 어렵고 소리도 빠져나가지 않는 공장에서 노동자들은 정말 어렵게 일해 왔지요. 그런데 어느 날 콜트콜텍 사장이 공장에서 일하는 노동자들을 해고해 버렸어요.

노동자들은 해고가 부당하다며 일하고 싶으니 일을 달라고 주장하면서 단식을 하고 높은 철탑에 올라가기도 하면서 10년 넘게 싸우고 있어요. 콜트콜텍 기타는 세계적으로 엄청 유명해요. 그 기타로 노래를 부르는 노동자와 가수들이 콜트콜텍 해고 노동자들을 돕기 위해서 나섰어요. 콜트콜텍 해고 노동자를 돕기 위한 후원 콘서트가 열린 거예요. 참 멋지지요? 일자리를 뺏고 내쫓는 사람도 있지만 이들을 도우려고 돈 한 푼 받지 않고 노래하는 사람도 있어요. 삼촌은 우리 주변에 이런 사람들이 참 많았으면 좋겠어요.

노동자가 행복한 세상

동무들은 어떤 노동자가 되고 싶어요? 근사한 빌딩, 멋지고 폼 나는 사무실에서 일하는 사람이 되고 싶나요? 누가 봐도 고개를 끄덕이는 멋진 직업을 가진 사람이 되고 싶지요? 대기업의 회장처럼 말이에요.

그러나 우리가 대기업의 회장이 될 확률은 0.001%도 안 돼요. 회장의 아들이라면 회장이 될 가능성이 크겠지요. 하지만 회장의 아들로 태어날 확률은 정말 낮고, 우리는 이미 회장의 아들이 아니기 때문에 더더욱 회장이 될 확률이 낮아요. 우리가 비정규직 노동자가 될 가능성은 그 천 배쯤 되어요. 비정규직이 뭔지 알아요? 비정규직은 언제든지 해고될 수 있어요. 여러분 언니 오빠들이 하는 아르바이트도 비정규직이지요.

자본주의 사회는 사람보다 돈이 주인인 사회예요. 돈이 최고니까 돈이 많은 사람에게 유리하겠지요? 돈을 가진 사람은 노동자를 사람으로 보지 않고 더 많은 돈을 벌어다 줄 기계처럼 생각해요. 그래서 돈을 더 적게 주고 더 많이 부려 먹으려고 하지요. 자본주의 사회에서 노동자는 고통을 받고 심지어 노동 재해로 다치거나 죽기도 해요.

우리는 행복한 노동자가 되고 싶어요.
이 책을 보고 있는 어른들!
노동자가 차별을 받지 않는 세상을
만들어 주세요.

노동자가 고통스러운 사회는 건강한 사회가 아니에요. 사회를 구성하는 사람 대부분이 노동자인데 이 사람들이 고통스럽다면 사회 구성원 대부분이 고통스럽다는 말이잖아요. 아이들이 행복하지 않다면 그 사회는 불행한 것처럼 노동자가 행복하지 않다면 그 사회도 불행한 사회예요.

> **노동자가 고통스러운 사회는 건강한 사회가 아니에요.**
> **아이들이 행복하지 않은 사회가 불행한 것처럼**
> **노동자가 행복하지 않은 사회도 불행한 사회예요.**

[함께 생각해 봐요]

노동자가 행복한 세상은 어떤 모습일까요? 삼촌은 어떤 노동을 하든지 차별하지 않고 노동자를 귀하게 여겨야 올바른 세상이라고 생각해요. 그리고 결국 노동자가 사회의 주인이 되는 세상이 진짜로 행복한 세상일 거예요. 그러기 위해서 우리는 어떻게 해야 할까요? 삼촌은 첫 번째로 자기가 바로 노동자라는 사실을 깨달아야 한다고 생각해요. 그리고 노동자임을 부끄러워하지 말아야 해요. 노동자는 세상을 움직이는 사람들이에요. 어깨 펴고 당당하게 자부심을 품어야 해요. 또 노동자끼리 차별을 용납해서는 안 된다고 생각해요. 판사로 노동을 하든, 군인으로 노동을 하든, 청소 노동을 하든 세상 일부분에서 열심히 일하는 사람들이므로 차별해선 안 돼요. 그리고 노동자들의 아픔이 담긴 물건을 사거나 쓰지 않도록 노력했으면 좋겠어요. 노동자의 고통을 전혀 이해하지 않는 회사에서 만들어진 물건은 되도록 쓰지 마세요. 물론 이건 여러분 마음대로 하기 어려울 거예요. 하지만 그런 마음만은 꼭 잊지 않았으면 좋겠어요. 그런 마음이 모여서 세상을 바꾸니까요.

여러분, 꼭 기억해 주세요. 여러분 대부분이 나중에 노동자가 될 거예요. 사회를 구성하는 많은 사람이 노동자예요. 우리는 우리가 노동자임을 부끄러워해서는 안 돼요. 노동자가 없으면 이 세상은 한 발자국도 움직이지 못하니까요.

진짜 경제가 뭐야?
4

홍기빈

삼촌은 정치경제를 공부하는 경제학자예요. 여러 신문과 잡지에 '지구정치경제 칼럼니스트'라는 이름으로 글을 써요. 금융경제연구소 연구위원을 거쳐 칼폴라니사회경제연구소(KPIA) 연구위원장과 글로벌정치경제연구소 소장으로 일하고 있어요. 『거대한 전환』, 『21세기 기본소득』 등을 번역했어요.

사람의 욕망은 무한할까요?

여러분 중에 몇 명이 삼촌한테 미리 질문했어요. 맨 먼저 나온 질문이 뭐냐면 '삼촌은 무슨 일을 하세요? 돈을 얼마나 버세요?'였어요. 삼촌은 어렸을 때 만날 연필도 못 깎고 공부도 안 하고 그랬는데 지금은 공부하는 일을 직업으로 하고 있어요. 그리고 돈을 얼마나 버느냐면, 잘 못 벌어요. 돈을 못 번다고 하면 '저 사람 돈이 없구나. 경제생활을 잘 못하는구나.' 하고 생각할 텐데, 삼촌은 지금까지 경제생활을 못한다거나 가난하다고 생각해 본 적이 한 번도 없어요. 좀 이상하지요? 돈을 잘 못 버는데 왜 가난하지 않다고 할까요?

삼촌 나이가 쉰 한살인데 마흔이 넘을 때까지 저금통장에 500만 원 넘게 있었던 적이 없어요. 그렇다고 삼촌이 돈이 없다고 '아이고' 하면서 지하실에 앉아 텔레비전만 보고 있었느냐, 그런 건 아니고요. 삼촌은 여러 나라를 돌아다녔어요. 캐나다에 가서 7년 동안 공부하고, 일본에서도 1년 동안 공부하고, 미국도 갔다 왔고, 아시아 여러 나라도 가 봤어요. 통장에 돈은 없었지만 별로 가난하다고 여긴 적은 없어요.

경제라고 하면 맨 먼저 생각나는 게 돈이지요. 돈을 버는 거. 틀린 이야기는 아닌데 그것보다 좀 더 기본적으로 생각해야 할 이야기가 있어요. 만약에 경제가 돈을 버는 거라면 경제생활을 잘하려면 어떻게 해야 해요? 첫째, 돈을 많이 벌어야겠지요. 둘째, 돈을 아껴야 할 거예요. 그런데 그 전에 생각해 보세요. 여러분은 돈을 많이 벌면 그 돈으로 뭘 할 거예요? 그 돈을 먹을 거 아니지요? 입을 거 아니지요? 여러분도 아는 이야기일 텐데, 옛날 미다스라는 사람에게 만지는 건 모두 금으로 바뀌는 능력이 있었어요. 그 사람은 결국 어떻게 되었어요? 완전 망했지요. 자기 딸도 금으로 바뀌고, 음식을 먹으려고 집으면 금으로 바뀌고. 결국엔 제발 이 능력을 없애 달라고 하느님한테 싹싹 빌었어요. 돈은 먹을 수도 없고 옷처럼 입을 수도 없어요. 그럼 그 돈으로 뭘 하죠? 네, 자기가 원하는 것을 사요. 사람들이 돈을 많이 벌고 싶어 하는 이유가 뭐냐면 자기가 갖고 싶은 거, 입고 싶은 거, 누리고 싶은 거를 살 수 있기 때문이에요. 사람은 누구나 욕심이 있어요. 이걸 어른들 말로 '욕망'이라고 해요. 여러

내가 가진 진짜 욕망은 뭘까?

생선 통조림 많이 먹는 거다옹~

분, 사람의 욕망은 무한할까요? 삼촌이 대학교 가서 경제학 교과서를 딱 펼치니까, '인간의 욕망은 무한하고 달성할 수 있는 수단은 유한하다' 어쩌고저쩌고 나와요. 삼촌도 진짜 그런 줄 알았어요. 하지만 아니에요. 세상에 거짓말이 참 많은데, 제일 유명한 거짓말이 뭔지 아세요? 사람의 욕망은 무한하다는 말이에요.

> **사람들이 돈을 많이 벌고 싶어 하는 이유는 갖고 싶은 거, 입고 싶은 거, 누리고 싶은 거를 살 수 있기 때문이에요. 이걸 '욕망'이라고 해요. 사람의 욕망은 무한할까요? 아니에요. 사람의 욕망은 무한하지 않아요.**

운동화 10만 켤레와 피자 10만 판, 다 쓸 수 없어요

내일이 동무의 생일이라고 해 봅시다. 동무는 아마 "내 생일이야!"라고 사방에 말하겠지요. 선물을 가져오라고요. 삼촌이 그 이야기를 듣고 생일 선물로 동무에게 운동화 10만 켤레를 보내려고 해요. 그럼 동무는 받겠어요? 참, 단서가 하나 있어요. 삼촌이 보낸 운동화 10만 켤레를 절대로 돈으로 바꾸면 안 된다는 거예요. 그럼 삼촌 기분이 무척 나빠질 테니까요. 다시 물어볼게요. 여러분은 받겠어요? 받고 싶어도 못 받아요. 10만 켤레를 어디에 둘 거예요? 사람 발이 몇 개예요? 한 번에 다섯 켤레 신는 사람은 없어요. 다섯 켤레 신는 건 오징어이지요. 여러분은 운동화가 10만 켤레 있으면 죽을 때까지 다 신을 수 있어요?

또 삼촌이 여러분에게 피자 10만 판을 선물하려고 해요. 그 선물을 받겠어요? 여러분은 피자를 몇 판까지 먹어 봤어요? 여기 모인 사람 중에 아마 삼촌이 제일 많이 먹어 봤을 거예요. 전에 피자 뷔페라는 게 있었어요. 삼촌은 거기 가서 피자 일곱 판을 먹은 적이 있어요. 일곱 판을 먹고 집에 기어왔어요. 도저히 걸을 수가 없었거든요.

사람의 욕망이 무한한 거 같지요? 하지만 곰곰이 생각해 보세요. 무한정 채울 수 있는 욕망이 뭐가 있나요? 아무것도 없어요. 왜 그런지 아세요? 우리 몸이 한정되어 있기 때문이에요. 우린 발이 두 개밖에 없어요. 오징어도 외계인도 아니니까요. 신발은 한 번에 한 켤레밖에 못 신고, 아무리 많이 먹어 봐야 한 번에 한 끼밖에 못 먹어요. 피자가 10만 판 있어 봤자 아무 소용 없어요. 먹기 전에 다 썩어요.

어른들은 사람의 욕망이 무한하다고 가르쳐요. 하지만 그건 어른들이 뭘 착각해서 하는 소리예요. 학교에서 그런 소리 하는 선생님이 있거나 텔레비전에서 그런 소리 하는 사람이 있거든 삼촌한테 데려와요. 삼촌이 그 사람들한테 따질 거예요. 여러분, 기억하세요. 사람의 욕망은 무한하지 않아요. 한정돼 있어요. 죽을 때까지 필요한 신발의 수도 정해져 있고, 옷의 수도 정해져 있어요. 무한정 뭘 가져야 하는 경우는 없어요. 사람들이 자꾸 '무한히 돈을 벌어라, 많이 벌고 아껴서 돈을 많이 가지고 있으면 경제생활을 잘하는 거다!' 이렇게 가르치는데, 이 이야기는 잘못된 이야기예요.

> **사람의 욕망은 무한하지 않아요.
> 한정돼 있어요. 죽을 때까지
> 필요한 신발의 수도 정해져 있고,
> 옷의 수도 정해져 있어요.
> 무한정 뭘 가져야 하는 경우는 없어요.**

내가 갖고 싶은 것은 뭘까요?

 이제부터 어려운 이야기가 나올 테니까 잘 들어 봐요. 아까 삼촌이 내가 뭔가 하고 싶은 것이 '욕망'이라고 했어요. 우리가 경제생활을 잘한다는 거는 잘살기 위한 거예요. 경제생활을 잘하려면 욕망을 달성하기 위한 수단이 필요하겠지요. 목이 마르다, 물을 먹고 싶다는 욕망이 있으면, 그걸 채우기 위해 물이라는 수단이 있어야 해요. 자고 싶다는 욕망이 있으면 침대라는 수단이 있어야 하고요.

 잘산다고 하는 건 내가 가진 욕망을 충족시키는 거예요. 그렇다면 잘사는 방법은 두 가지가 있겠군요. 하나는 수단을 많이 가지고 있어서 욕망을 다 충족시키는 것, 다른 하나는 욕망을 작게 만드는 것이지요.

 예를 들어서, 삼촌 집에 다섯 권짜리 책이 있어요. 무척 어려운 책이에요. 독일 말로 되어 있는 책인데 값이 50만 원 정도 돼요. 여러분은 50만 원을 내고 그 책을 삼촌한테서 가져갈 거예요? 여러분은 그 책을 읽고 싶은 욕망이 하나도 없어요. 그런데 삼촌이 여러분한테 "이거 50만 원짜리니까 50만 원 내놔!" 그러면 싫겠지요? 여러분 집에 비싼 책이 있다고 해 봤자 그걸 읽고 싶은 욕망이 하나도 없다면 이 사람은 부자가 아니에요. 또 삼촌한테 터키에서 가지고 온 아주 화려한 옷이 있어요. 그런데 여러분이 보면 구리다고 생각할 거예요. 그것도 50만 원이에요. 물론 여러분은 그 옷을 입고 싶은 생각이 없어요. 그렇다면 그 옷을 갖고 있다고 해서 부자일까요? 그렇지요, 부자가 아니지요. 경제생활을 잘하려면 뭘 많이 갖고 있어야 하는 게 아니라 내가 갖고 싶은 게 뭔지를 잘 알아야 해요. 여러분이 엄마한테 "용돈 줘!" 그러면 엄마가 꼭 물어보시지요. "너 용돈으로 뭘 할 건데?" 그러면 "뭐 사야 한단 말이야!"라고 하는 것처럼 말이에요.

    욕망은 목적이에요. 사람이 뭔가 얻고자 하는 게 욕망이지요. 목적을 달성하기 위한 게 수단이고, 수단은 목적을 위해서 있어요. 그럼 수단은 얼마만큼 있어야 할까요? 필요한 만큼 있어야지요. 필요한 만큼은 뭐가 결정하느냐, 목적이 결정해요.

예를 들어 볼게요. 여기 아주 위험한 약이 하나 있어요. 마약이라고 들어 봤지요? 이 약은 여러 가지 용도로 쓸 수 있어요. 이 약을 아주 많이 먹으면 어떻게 되지요? 죽습니다. 이 약을 조금 덜 먹으면 어떻게 돼요? 마취 상태에 빠져요. 병원에서 몸을 째는 어려운 수술을 할 때 아픔을 느끼지 못하게 재우거든요. 그걸 마취라고 해요. 마취할 때 몸에 넣는 약이 마약이랑 똑같은 거예요. 마약은 수면제로도 쓸 수 있어요. 어떤 어른들은 마약을 몸에 넣고 "아, 기분 좋다!" 이러면서 춤추고 놀아요. 몸이 망가지는 것도 모르고요. 똑같은 약인데 쓰이는 곳은 다양해요. 어른들이 하는 못된 행동 중에 자살이 있어요. 어떤 어른은 마약으로 자살을 하기도 해요. 마약의 목적은 '죽는다', '마취한다', '한잠 푹 잔다', '논다', 이 네 가지 정도가 있고, 각각의 경우 목적에 맞게 쓰는 약의 양이 다 달라요.

만약 무조건 약을 많이 쓰면 어떻게 될까요? 한판 놀아 보려고 했던 사람이 죽을 수도 있어요. '나 이제 죽어야겠다.' 그러면서 유서를 써 놓고 점잖게 죽으려고 했는데 약이 모자라서 괜히 동네방네 시끄럽게 떠들고 놀다가 경찰서에 불려가고 망신만 실컷 당할 수도 있고요. 이만큼 쓰면 노는 거고, 이만큼 쓰면 잠을 푹 잘 수 있고, 이만큼 쓰면 수술을 받을 수 있고, 이만큼 쓰면 저세상으로 갈 수 있다는 목적에 따라 필요한 양이 있는 거예요. 자, 수단의 양은 무엇으로 결정된다고요? 목적에 따라서 결정돼요.

> **욕망은 목적이에요. 사람이 뭔가 얻고자 하는 게 욕망이지요. 목적을 달성하기 위한 게 수단이고, 수단은 목적을 위해서 있어요. 그럼 수단은 얼마만큼 있어야 할까요? 필요한 만큼 있어야지요. 필요한 만큼은 목적이 결정해요.**

좋은 삶을 살고 있나요?

여러분은 돈을 얼마만큼 벌어야 한다고 생각해요? 그 양을 알려면 내가 그 돈으로 뭘 할 것인지 뚜렷이 알아야 해요.

우선 내 욕망이 구체적으로 무엇인지 써 볼 수 있어야 해요. 가령 엄마한테 "옷 사 줘!"라고 말할 때, 정말로 원하는 게 뭐예요? 추워서 따뜻하게 입고 싶은 거예요? 예쁜 옷을 입고 뽐내고 싶은 거예요? 어떤 사람은 따뜻하면 된다고 생각하고, 어떤 사람은 예쁜 옷을 입고 길거리에서 다른 사람의 눈길을 받고 싶어 하기도 해요. 옆집 애가 비싼 옷을 입고 자랑하니까 그 애한테 기죽기 싫어서 새 옷을 사고 싶은 경우도 있어요. 무작정 내가 옷을 원한다고 생각하지 말고 내가 이 옷으로 얻고 싶은 게 정확히 뭔지 생각해 보세요. 여러분은 지금까지 이렇게 생각해 본 적 있어요?

따뜻하게 입고 싶어서 옷을 사려고 한다면 따뜻한 옷을 사면 돼요. 삼촌이 캐나다에 있을 때, 캐나다에도 동대문 시장 같은 데가 있었거든요, 거기 가면 3만 원이면 겨우내 따뜻하게 입을 만한 옷을 살 수 있었어요. 어떤 사람은 "옷은 따뜻하기만 하면 되니까 사치하면 절대 안 된다."라고 하는데, 꼭 그런 건 아니에요. 만약 여러분이 학예회에서 뮤지컬 백설 공주를 한다고 생각해 봐요. 여러분이 백설 공주가 된 거예요. 그런데 백설 공주가 삼촌처럼 시커멓고 두꺼운 옷을 입으면 되겠어요? 아니지요. 사람이 살다 보면 눈길을 받아야 할 때도 있는 거예요. 그러면 돈이 좀 더 필요할 수도 있어요.

내가 진짜 원하는 거, 내가 진짜 목적하는 게 뭐냐에 따라서 필요한 돈이 구체적으로 얼마인지 나올 수 있어요. 그런데 사람들은 목적은 생각 안 하고 무조건 수단만 생각해요. 왜냐하면 내가 진짜 원하는 게 뭔지 생각하려면 골치가 아프니까요. 그래서 일단 '돈을 많이 벌고 보자! 이게 경제생활이다!' 이렇게 정리해 버려요. 여러분, 이게 현명한 방법이에요?

돈을 많이 버는 게 쉬울까요? 굉장히 어려워요. 물론 목적을 아는 것도 쉬운 건 아니에요. 내가 정말 원하는 게 뭔지 깊이 생각하고 하나하나 따져 보는 건 쉽지 않아요. 그런데 다른 게 하나 있어요. 돈을 버는 거는 내 뜻대로 안 돼요. 주식 값 오르는 게 여러분 뜻대로 돼요? 여러분도 의사 되고 변호사 되고 좋은 직업 가져서 돈을 많이 벌고 싶을 텐데 꼭 그렇게 될지 지금은 전혀 알 수 없어요. 돈을 많이 버는 건 여러분 뜻대로 될 수도 있고 안 될 수도 있어요. 불안한 게 많아요. 하지만 목적을 아는 건 여러분 뜻대로 할 수 있어요. 내가 정확하게 뭘 원하는지 생각해 보고 내가 언제 가장 행복한지 알아보는 건 여러분 힘으로 할 수 있어요.

부유해지는 건 이 관계를 잘 맞추는 거예요. 잘살기 위해서는 목적과 수단, 둘 다 잘해야 해요. 돈을 벌 수 있는 능력과 내가 정말 뭘 원하는지 찾아보는 능력 말이에요. 어느 쪽이 더 쉽고 분명할 거 같아요? 그래요, 목적부터 시작하는 게 맞아요. 내가 정말 원하는 게 뭔지 아는 거요. 그것부터 생각하는 게 맞아요.

내가 정말 원하는 게 뭔지 생각하다 보면 좋은 삶이란 뭘까 생각하게 돼요. 옛날 그리스에 살았던 아리스토텔레스와 플라톤 할아버지는 인간이 살아가는 가장 궁극적인 목적이 뭔지, 우리가 태어나서 죽을 때까지 하고자 하는 바가 뭔지를 생각하면서 이런 말을 했어요. 그것은 바로 "좋은 삶을 사는 것이다."라고요. 따뜻한 것이냐, 눈길을 받는 것이냐, 다른 사람의 기를 한번 죽이는 것이냐, 이 중에서 내가 정말 원하는 것의 기준은 내가 지금 목적하는 욕망을 이뤘을 때 과연 내가 '좋은 삶을 살고 있는가'라는 거예요.

딱 필요한 만큼만! 더 가질 필요가 없어요

예를 들어 볼게요. 여러분, 게임 좋아하지요? 게임을 얼마나 해요? 삼십 분? 두 시간? 세 시간? 토요일에는 게임을 네 시간, 다섯 시간씩 하고 싶지요? 게임을 하면 재밌지요. 그런데 게임을 세 시간, 네 시간씩 하면 허리도 아프고 엉덩이도 아프고 다리도 아프고 그래요. 그때는 나가서 축구를 하는 게 나아요. 그러면 그 순간 내가 축구를 할 것이냐, 게임을 할 것이냐, 숙제를 할 것이냐 선택해야겠죠?

여러분은 채소를 많이 먹나요? 채소를 많이 먹으면 몸에 좋다는 사실은 여러분도 다 알지요. 하지만 여러분 중에는 채소를 잘 먹지 않는 동무도 있어요. 이건 단순하게 좋고 싫고의 문제와는 달라요. 꼭 필요하니까 먹으라는 거예요. 이걸 좋은 삶이라고 해요.

하루에 네 시간씩 게임을 하면서 사는 게 재미있을 수도 있어요.

하지만 게임만 하고 다른 것은 아무것도 하지 않는 건 좋은 삶이 아니에요. 사람은 축구도 해야 하고 공부도 해야 하고 영화도 보아야 하고 다른 일도 많이 해야 하니까요. 여러분도 자꾸 '좋은 삶이 무엇일까'라는 생각을 하면서 자기를 돌아봐야 해요.

내가 필요한 것을 사려고 정확하게 돈이 얼마나 필요한지 알기 위해서는 가게를 몇 군데 다녀 보면 금방 알 수 있어요. 그 이상으로 돈을 벌려고 할 필요가 없어요.

알렉산더 대왕, 알지요? 아주 옛날에 여러 나라를 정복해서 큰 나라를 세운 왕이지요. 이 왕이 어렸을 때 선생님이 아까 이야기했던 아리스토텔레스였어요. 알렉산더 대왕이 페르시아를 정복했어요. 페르시아는 무지 크고 잘사는 나라였어요. 알렉산더 대왕이 페르시아 왕궁에 가서 왕좌에 앉았는데 얼마나 기분이 좋았겠어요. 다음 날 아침이 되니까 페르시아 왕궁 요리사 몇백 명이 저마다 요리를 해서 대왕 앞에 떡하니 차려 놓은 거예요. 왕궁 요리사니까 요리 실력도 아주 좋았겠지요. 하지만 알렉산더 대왕은 그 요리를 안 먹었다고 해요. 그 대신 빵하고 우유하고 꿀 조금하고 사과만 먹고 말았대요. 그러더니 이것이 훨씬 맛있는 식사라고 말했어요.

알렉산더 대왕이 어렸을 때 아리스토텔레스는 "네가 아침부터 눈

앞에 놓인 화려한 음식을 이것저것 먹으면 배탈이 날 거다. 아침밥으로 네가 정말 원하는 게 뭔지는 네 몸이 안다."라고 가르쳤어요. 아침에 자고 일어나면 몸이 찌뿌드드해요. 아침부터 기름기가 많은 걸 먹으면 종일 속이 느글느글할 거예요. 아리스토텔레스는 알렉산더 대왕에게 아침에 일어나면 일단 운동부터 하라고 했어요. 밖에 나가서 한 시간 동안 달리는 겁니다. 달리면 땀이 나지요. 땀을 깨끗이 씻고 나면 뭐가 먹고 싶은지 아주 선명하게 머릿속에 떠오를 거라고 이야기했어요. 그걸 먹으면 된다고 가르쳤어요. 알렉산더 대왕은 열 살이 되기 전부터 그 버릇이 들었기 때문에 나중에 황제가 되어서도 많이 먹지 않았어요. 비싼 거, 화려한 걸 먹는 일도 없었어요. 알렉산더 대왕이 굶주리고 산 사람일까요? 화려한 요리를 많이 못 먹었으니까 경제생활을 못 한 걸까요? 그건 아닐 거예요.

> **하루에 네 시간씩 게임을 하면 재미있을 수도 있어요. 하지만 게임만 하고 다른 것은 아무것도 하지 않는 건 좋은 삶이 아니에요. 여러분은 '좋은 삶이 무엇일까'를 생각하면서 자기를 돌아봐야 해요.**

더 자유롭게 살 수 있어요

'내가 원하는 게 뭔지 모르겠다. 좋은 삶이 뭔지 모르겠다. 귀찮다. 나는 그냥 주식 투자나 하겠다. 금덩어리 쏟아지는 여러 가지 일을 해서 돈이나 왕창 벌겠다!' 이렇게 경제생활을 하는 사람도 있어요. 반대로 알렉산더 대왕처럼 자신이 뭘 원하는지 아는 방법을 찾고 그걸 훈련하는 사람도 있고요. 그런데 한 가지, 이 사람이 앞사람보다 분명히 더 유리한 게 있어요. 바로 시간이 많이 남는다는 거예요. 시간이 많이 남고 자유로워요.

아까 알렉산더 대왕이 밥을 먹을 때 비싼 거, 화려한 거는 먹지 않았다고 했지요. 어떤 왕은 상어 지느러미하고 공작 머리 위의 깃털하고 제비집 요리가 없으면 밥을 못 먹는다고 해 봐요. 이 왕은 죽을 때까지 꼼짝없이 왕궁에 살아야 해요. 그런 재료가 있고 그걸 요리할 수 있는 곳은 왕궁뿐이니까요. 하지만 알렉산더는 그럴 필요가 없었어요. 알렉산더는 페르시아 정복을 시작하고 7, 8년 동안 왕궁에서 잔 적이 거의 없어요. 가고 싶은 곳을 마음대로 갈 수 있었고, 하고 싶은 일을 마음대로 할 수 있었어요. 물론 다른 나라를 정복하고 숱하게 전쟁을 벌인 건 여러분에게 권할 일이 아니지만요. 여하튼 알렉산더는 다른 왕들에 비해서 자기가 하고 싶은 일을 마음대로 했어요. 욕망을 충족시키는 방법이 아주 단순했기 때문에 시간이 많이 남았지요.

무조건 돈을 왕창 벌어야 한다고 생각하는 사람들은 어떻겠어요? 참 슬픈 이야기인데, 길을 걷다가 만나는 어른 중에 70% 정도는 이런 사람들일 거예요. 그분들 표정이 자유로워 보이나요? 항상 바쁘지요. 요즘은 주식 투자를 휴대 전화로도 할 수 있는데 그걸 잘하려면 30분마다 한 번씩 들여다봐야 해요. 그러니 마음 놓고 영화를 볼 수 있겠어요? 멋있는 여자 또는 남자랑 데이트를 할 수 있겠어요? 도대체 뭘 할 수 있겠어요? 이렇게 경제생활을 하면 다른 걸 하지 못해요. 돈만 벌다가 끝나 버려요. 자기가 뭘 원하는지 알아보는 시간도 싹 사라져요.

삼촌은 여러분이 두 가지 다 잘했으면 좋겠어요. 하나는 내가 원하는 거, 정말 좋은 삶이라는 게 뭔지 잘 알았으면 좋겠고, 여기에 필요한 돈이나 수단을 마련할 수 있는 능력도 길렀으면 좋겠어요.

하지만 무엇부터 시작해야 한다고요? 그래요, 목적을 아는 거부터 시작해야 해요. 그러면 내가 돈을 얼마만큼 벌어야 하는지 알게 되니까 알맞게 조절할 수 있는데, 이걸 모른 채 그저 돈만 벌다 보면 인생이 끝나요. 일생 동안 좋은 게 뭔지도 모른 채 끝나는 겁니다.

내가 자라면서 하고 싶은 게 달라지겠지. 그때도 지금처럼 내가 진짜 원하는 걸 알면 행복하게 살 수 있지 않을까?

[궁금해요]

제일 존경하는 경제학자는 누구고, 그 이유는 뭐예요?

여러분이 읽는 교과서에는 잘 안 나올 텐데, 헝가리에서 태어난 칼 폴라니라는 사람이랑 미국에서 태어난 베블런이라는 사람이 있어요. 독일에서 태어난 마르크스라는 사람도 있고요. 이 세 사람을 제일 존경해요.

남들은 불행한데 나 혼자 행복할 거 같아요? 삼촌이 전에 살던 집은 벽이 무척 얇아서 옆집 소리가 다 들렸어요. 하루는 새벽 한 시에 옆집에서 어떤 아주머니가 우시는 거예요. 엉엉 우는 것도 아니고 흑흑흑 흐느껴요. 삼촌 속이 뒤집히더라고요. 처음에는 짜증이 났어요. 10분 넘도록 그 소리가 그치지 않으니까요. 그다음부터는 걱정이 되더라고요. '무슨 사고가 났나? 경찰서에 전화해야 하는 거 아닌가?' 30분이 지나고 나니까 소리가 멈췄어요. 그래서 자려고 하는데 잠이 막 들려는 순간에 또 그 소리가 나는 거예요. 자려고 하면 울고, 자려고 하면 또 울고. 처음 한 시간 동안은 화만 났어요. 아주머니 때문에 삼촌이 잠을 잘 못 자니까요. 삼촌을 봐서 알겠지만 삼촌은 그렇게 착한 사람이 아니에요. 그런데 그날 밤에 삼촌이 느낀 게 하나 있어요. 뭐냐 하면, 남이 불행하면 나도 불행해진다는 거예요. 그건 분명해요.

삼촌이 생각하기에, 아까 말한 경제학자들은 나만 잘사는 건 있을 수 없다는 걸 분명히 알았어요. '진짜 잘사는 게 뭐냐?' 이 고민을 하다 보면 '옆집 사람은 편안하고 행복한가?' 이 생각을 안 할 수가 없거든요. 옆집 사람이 만날 밥 굶고 전기 안 들어와서 촛불 켜 놓고 사는데 내가 마음이 편하겠어요? 편하지 않아요. 경제생활을 잘한다는 것, 경제학을 잘 공부한다는 건 '내가 잘살기 위해서는 남도 잘살아야 한다!'는 걸 이해하는 거예요. 이 세 사람은 그걸 잘 이해했어요. 그래서 굉장히 존경한답니다.

어른들은 만날 돈 돈 하며 일하느라고 바쁘잖아요. 일은 재미도 없고 돈을 버는 게 엄청 힘든데 힘 안 들이고 재미있게 사는 방법은 없나요?

어떻게 하면 되겠어요? 일하는 게 재미있으면 되겠지요. 여러분은 나중에 직업을 어떻게 고르려고 해요?

실제로 어른들이 직업을 고를 때 보면, 내가 뭘 좋아하는지, 내가 뭘 하면 행복해질 수 있는지에 대한 생각은 거의 안 하고 돈을 얼마만큼 벌 수 있느냐만 생각해서 직업을 고르는 경우가 많아요. 그러면 그 결과가 어떻게 나타나겠어요? 돈은 좀 벌 수 있을지 모르지만 항상 "어유, 힘들어. 피곤해!" 이러고 다닐 거예요. 여러분은 그런 직업을 고르겠어요? 아니면 돈을 덜 벌더라도 내가 정말 재미있게 할 수 있는 일을 고르겠어요? 돈도 많이 벌면 좋겠고 내가 하고 싶은 일도 할 수 있으면 좋지요. 그럼 둘 중에 뭘 선택하겠어요?

삼촌이 여러분에게 어떤 쪽을 선택하라고 강요할 수는 없어요. 그건 여러분의 자유니까요. 내 몸이 좀 상하고 재미가 좀 없더라도 돈을 많이 벌어서 외국으로 여행을 다니고 싶다면 그렇게 사는 거예요. 내가 좀 돈을 못 벌더라도 내가 하고 싶은 일을 하겠다면 그렇게 사는 거고요. 단 여러분, 그건 알고 계세요. 그 결과는 여러분이 책임져야 해요. 겁나지요? 선택을 하기 전에 내가 정말 원하는 게 돈인지, 일하면서 느끼는 기쁨인지 잘 알아야 할 거예요. 돈은 많지만 지루하게 하루하루를 보내는 생활이 어떤지에 대해서 물어보고 조사도 해 보고요. 또 일은 재미있을지 몰라도 돈이 없어서 허구한 날 쪼들리는 삶이 어떤지에 대해서도 많이 물어보고 조사해야지요. 선택하기 전에 신중하게 잘 생각해 보세요.

그래도 부모님이 시키면 어떻게 해요? 그러면 누가 책임지는 거예요?

이게 부모님이 결정할 수 있는 문제인 거 같아요? 아닐 거예요. 그래도 부모님이 막무가내로 결정하려고 하면 우리는 어떻게 해야 할까요? 이건 무척 어려운 질문이에요. 더욱 안타까운 건 이런 일이 실제로 벌어진다는 거예요. 나이가 좀 더 들면 부모님이 '너 무슨 대학 무슨 과에 가라, 너 무슨 직업 선택해라!'라고 하고, 때로는 남자 친구나 여자 친구가 강요하는 경우도 생기거든요. 그럴 때는 어떻게 해야 할까요? 여러분, 이걸 내가 결정해야 하는 이유가 뭐지요? 그래요, 결과를 내가 견디기 때문이에요. 내가 책임지기 때문이에요. 아까 좋은 삶이라는 말을 했는데, 좋은 삶을 다른 말로 '자유'라고도 합니다. 자유는 놀고 싶을 때 놀고 자고 싶을 때 자는 것만이 아니라, 내 삶에 관계된 모든 문제의 결정을 스스로 할 수 있는 상태, 그런 능력을 뜻하는 거예요. 이거는 부모님한테 뺏길 수 있는 게 아니에요. 사실 이건 몇 년 지난 다음의 이야기예요. 여러분이 지금 길거리에 나가서 아르바이트해서 돈을 벌 수 있어요? 아직은 못할 거예요. 하지만 무조건 부모님 뜻대로 하는 건 절대로 좋은 게 아니니까 내가 뭔가 할 수 있을 만큼 팔다리와 머리에 힘이 생길 때까지 잘 참았다가 과감하게 반항하세요. 자기가 책임질 수 있다는 생각이 들 때는 과감하게 자유를 찾아가세요.

삼촌은 돈보다 중요한 게 뭐라고 생각하세요?

   삼촌은 좋은 삶이 제일 중요하다고 생각해요. 삼촌은 사실 돈을 별로 중요하게 여기지 않아요. 돈이 없어서는 안 될 때가 있기 때문에 할 수 없이 모아 놓는 거예요. 돈 자체를 좋다고 생각한 적은 별로 없어요.

그래도 돈이 있어야 하고 싶은 걸 할 수 있지 않아요?

   왜 사람은 돈을 무한히 가지려고 할까요? 돈은 미래의 가능성이기 때문이에요. 돈에 대한 욕망은 옷에 대한 욕망이나 음식에 대한 욕망과는 조금 달라요. 미래에 자기가 뭘 하고 싶을지 잘 모르는 상황에서 뭔가 할 가능성을 얼마만큼 준비해 놓느냐의 문제예요.

　사람들은 가능성을 무한히 가지고 싶어 해요. 그래서 돈을 무한히 가지고 싶어 하죠. 하지만 돈이 있다고 미래의 가능성이 넓어지거나 불안감이 없어지는 건 아니에요. 그건 삼촌이 지금까지 살면서 확실하게 느꼈어요. 미래에 어떤 일이 생길지는 닥쳐 봐야 알고, 그때 필요한 건 돈이 아니라 용기와 힘이에요. 용기와 힘이 있으면 돈을 끌어 올 수 있는데, 용기와 힘이 없으면 돈이 있다고 하더라도 제대로 문제를 풀 수 없어요.

　로또 복권 있지요? 여기에 당첨되면 갑자기 몇십억 큰돈이 생겨요. 그런데 이분들이 나중에 어떻게 되느냐 하면 대부분 안 좋은 일들을 겪어요. 이혼하거나 감옥에 가는 나쁜 일들 말이에요. 돈은 있지만 갑자기 생겨난 돈을 감당할 수 있는 용기와 힘이 없어서예요. 이 상태에서 큰돈이 생기면 자기와 자기 주변 관계를 망치게 돼요. 돈 때문에 주변 사람들하고 심하게 싸우다가 친구와 가족을 잃어버리죠. 이거는 돈이 있다고 해결되지 않아요. 용기와 힘과 자유가 있어야 해요.

경제를 한마디로 표현하면 뭐예요?

　여러분도 처음에는 '돈을 버는 게 경제다', 이렇게 생각했을 거예요. 하지만 삼촌이랑 이야기하니까 경제가 뭔지 더 아리송해지지요? 몇 가지 알려 드릴게요. 한문으로 '경제(經濟)'라고 쓰는데, 이 말은 '경세제민(經世濟民)'의 준말이에요. 세상을 다스리고 민중을 구제한다는 뜻이죠. 세상을 잘 다스려서 누구나 배부르고 행복하게 살 수 있게 한다는 말이에요. 경제를 다 같이 잘사는 것이라고도 하는데, 이 말은 서양에서 온 '이코노미(economy)'라는 말을 번역한 거예요. 이코노미가 무슨 뜻이냐면 '집안 살림'이라는 뜻이에요. '이코-'는 '집'을 말하고, '-노미'는 '다스린다, 질서를 유지한다'라는 뜻이거든요. 집을 다스리는 게 경제라는 말이지요.

하지만 경제학자들한테 물어봐도 경제를 정확하게 이야기하는 사람은 없어요. 어떤 사람은 무조건 돈을 많이 버는 거라고 하고, 삼촌 같은 사람은 자기가 뭘 원하는지 정확하게 찾아내는 게 우선이라고 해요. 정해진 건 없어요. 스스로 답을 찾아보세요.

경제학자는 무엇 때문에 있는 거예요?

삼촌이 존경하는 경제학자에 대해 말했잖아요? 자기도 잘살고 남도 잘사는 방법을 연구한 학자들 말이에요. 자기도 잘살고 남도 잘살게 하고 싶다는 욕망 때문에 경제학자가 되는 경우가 많아야 해요. 원래 경제학이 해야 하는 일이 그거니까요. 물론 자기도 잘살고 남도 잘사는 방법을 찾는 건 어렵지만요.

그런데 현실적으로는 그렇지 않아요. 경제학자가 되면 돈을 많이 벌어요. 굶는 법은 없어요. 경제학을 공부해서 박사 학위를 받으면 굶는 법은 없다는 말이에요. 많은 사람이 돈을 더 많이 벌기 위해서 경제학자가 되겠다고 생각해요. 결과가 어떻게 되겠어요? 원래 경제학자의 일을 하는 사람은 없어지고 돈을 벌려는 경제학자만 늘어났어요. 그래서 지금 경제가 어려운지도 몰라요. 만약 여러분이 자기도 잘살고 남도 잘사는 세상을 만들고 싶다면, 좋은 의미의 경제학자가 되는 걸 진지하게 생각해 보세요. 그러면 참 좋겠어요.

경제 대통령, CEO 대통령이라는 말을 신문에서 봤는데 대통령하고 사장님하고 하는 일이 비슷한가요?

나중에 어른이 되어 그 문제를 연구해서 좋은 책을 쓰면 사람들이 '와!' 할 거예요. CEO가 뭔지 다 알지요? CEO하고 대통령이 같은가 하는 질문은 이렇게 바꿀 수 있어요. 나라하고 기업하고 같아요? 어떻게 달라요? 기업은 뭐 하는 조직이에요? 기업은 돈을 더 많이 벌려는 조직이지요. 나라는 어때요? 나라가 돈을 더 벌려고 모인 조직이에요? 아니에요. 기업은 돈을 더 많이 벌려고 일하는 사람을 괴롭히기도 하고 필요하면 해고도 해요. 하지만 대통령이 우릴 해고할 수 있어요? 나라의 주인은 누구예요? 우리지요. 우리가 주인이에요. 기업에서 직원들이 사장님 명령을 듣듯이 우리가 누구 명령을 들어야겠어요?

기업과 나라는 성격이 다른 조직이에요. 아리스토텔레스가 뭐라고 했느냐면 "기업은 이윤을 남기기 위한 조직이고, 나라는 사람들이 좋은 삶을 살기 위해 모인 조직이다." 이렇게 말했어요. 대통령이 해야 할 임무는 돈을 많이 버는 게 아니라 국민이 좋은 삶을 살 수 있는 조건을 만드는 거예요. 기업과 나라는 완전히 달라요.

[함께 생각해 봐요]

사람의 욕망은 무한하지 않아요. 사람의 욕망을 충족시키는 수단도 유한해요. 그러면 우리는 얼마만큼의 수단을 가지고 있어야 할까요? 그 양은 목적과 욕망이 결정해요. 사람은 스스로 욕망과 목적을 찾고 선택하지요. 그렇다면 선택의 기준은 뭘까요? 그래요, '어떻게 사는 것이 좋은 삶인가'예요.

처음에 시작할 때 그랬죠? 삼촌은 마흔이 넘을 때까지 통장에 500만 원이 넘어 본 적이 없는데 항상 풍요롭고 행복하게 살았다고요. 비록 통장에 돈은 없었지만 삼촌은 내가 뭘 원하는지 분명히 알았고 내가 원하는 힘을 가지려는 열정이 있었어요. 그래서 돈이 없어도 행복하게 살 수 있었어요. 동무들도 자기가 뭘 원하는지 분명하게 알았으면 좋겠어요.